# CRIANÇAS SEQUES-TRADAS DO BRASIL

Daniel Gomes

# CRIANÇAS SEQUES-TRADAS DO BRASIL

Rio de Janeiro

1ª edição

2025

Dados Internacionais de Catalogação na Publicação (CIP)
Fabio Osmar de Oliveira Maciel – CRB-7 6284

G613c

Gomes, Daniel
Crianças sequestradas do Brasil / Daniel Gomes. - 1. ed. - Rio de Janeiro : Vermelho Marinho, 2025.
160 p. ; 21 cm.

Inclui glossário jurídico
ISBN 9788582654422

1. Sequestro de crianças - Brasil - História. 2. Crianças vítimas de sequestro - Brasil - Biografia. I. Título.

CDD: 362.82970981
25-99357.0 CDU: 929:343.433(81)

As citações bíblicas foram extraídas da versão Almeida Revista e Corrigida, Edição de 1995, da Sociedade Bíblica do Brasil, salvo indicação em contrário.

danielgomespc@gmail.com
www.professordanielgomes.com

**Capa, Projeto Gráfico e Diagramação:** Rosseu Design USA - Josias Finamore
**Impressão:** Vermelho Marinho

1ª edição: 2025

# SUMÁRIO

## PARTE 3:

# PREFÁCIO

Sinto-me honrado com o convite do Comissário de Polícia Daniel Gomes para prefaciar seu quarto livro, *Crianças Sequestradas do Brasil*, que retrata casos comoventes de crianças vulneráveis arrancadas do convívio de seus pais e familiares, ocorridos nos anos 1970. Àquela época, eu sequer havia nascido, mas mais tarde, já na juventude, alimentava o sonho de estudar Direito. Concluí minha graduação em 2009 e iniciei minha trajetória na Polícia como Delegado no Estado do Espírito Santo, em 2011. Pouco tempo depois, fui aprovado em novo concurso e ingressei na Polícia Civil do Estado do Rio de Janeiro, como Delegado de Polícia, no ano de 2013.

Tive a honra de ser inicialmente lotado na Delegacia de Homicídios da Baixada Fluminense - DHBF, onde trabalhei lado a lado com o Comissário Daniel Gomes. Ali, participamos de grandes investigações e pude testemunhar de perto o talento de um profissional marcado pelo faro investigativo aguçado e pela perspicácia na elucidação de crimes de homicídio.

Como professor da ACADEPOL e escritor, Daniel Gomes consolidou-se como referência dentro da instituição policial. Sua trajetória foi enriquecida por formações como o curso CSI - USA, além de ser amplamente reconhecido pela mídia especializada e pelo próprio Governo do Estado, que lhe conferiu premiações e homenagens. Entre suas obras, destaca-se o *Manual de Homicídio*, cujo caso emblemático é o do repórter Tim Lopes, brutalmente assassinado por criminosos liderados por "Elias Maluco", todos posteriormente presos. A partir dessa obra, passou a ministrar palestras em diversos Estados do país, tornando-se um dos grandes nomes da Polícia Civil do Estado do Rio de Janeiro. Posteriormente, foi transferido para a Delegacia de Homicídios da Capital, onde deu continuidade ao trabalho investigativo de excelência. A vida, com suas gratas surpresas, nos proporcionou um reencontro apenas agora, em 2024. Atualmente, atuo como Delegado Titular da Delegacia de Repressão às Ações Criminosas Organizadas e Inquéritos Especiais - DRACO-IE, onde tive a satisfação de reencontrar o Comissário Daniel Gomes. Juntos, unimos esforços para o enfrentamento das organizações criminosas que atuam na capital do Rio de Janeiro. Uma das maiores virtudes da investigação criminal é a possibilidade de, a cada caso, desenvolver habilidades como autocontrole, inteligência emocional, empatia, resiliência, além da constante reinvenção diante dos desafios impostos pela criminalidade. O investigador precisa se reinventar a cada crime, sair da zona de conforto e buscar respostas onde elas parecem não existir. A atividade criminosa deixa rastros de tristeza e frustração nas vítimas, em seus familiares e também nos profissionais da investigação. Por isso, é necessário manter a motivação e jamais sucumbir diante da gravidade dos fatos ou da sobrecarga de trabalho.

A leitura desta obra demonstrará que o Comissário Daniel Gomes se reinventa a cada dia e reúne todas essas qualidades — e muitas outras que o leitor poderá constatar ao longo dos relatos aqui apresentados.

**JOÃO VALENTIM NETO**

Delegado de polícia do Estado do Rio de Janeiro

# APRESENTAÇÃO

Criança é um tesouro ansiosamente aguardado, bênção de Deus, milagre da vida, recebido com amor, carinho e afeto, vínculo umbilical com os pais, a mãe, a família e os amigos. Um sonho que se realiza, eternamente querido. Quando esse sonho se dissipa, simplesmente desaparecendo, evaporando-se subitamente, um espaço exclusivo no coração é lancinado pela dor, a angústia, a aflição, a expectativa, a esperança que não se cansa de esperar, o vazio nunca preenchido.

O juridiquês é insuficiente para compreender o buraco de sentimentos na epiderme finíssima da alma. Rotula burocraticamente a tragédia humana como se fosse apenas uma subtração de incapaz. É muito pouco. A linguagem, hermética, nada transmite, é insuficiente, não consegue retratar a lacuna de um drama em toda a sua dimensão.

**É exatamente aqui que entra Daniel Gomes** com a sua face de escritor, caráter esculpido como Comissário de Polícia sagaz, decifrando enigmas predatórios e sendo, principalmente, um consagrado servo de Deus. É por isso que ele está presente, mergulhando a própria alma nas águas profundas deste livro. Por amar o próximo, bem perto ou mesmo longe, Daniel faz um resgate precioso de memórias. Não se liga muito para histórias de desaparecidos. Há muitas coisas para serem esclarecidas, o esquecimento vai dominando e os casos acabam sendo sepultados na vala comum do esquecimento.

Não é o caso de Daniel Gomes. Ele tem a sensibilidade de olhar as vítimas nos olhos, quando muitos preferem desviar, abaixando a cabeça. Assim, uma percepção apurada obriga-o a absorver reações profundamente humanas, mas ignoradas pela lei, que na prática é o juiz mudo, segundo Aristóteles. Daniel Gomes não acredita que uma vida possa ser resumida dentro de um processo, principalmente porque a vida de uma criança sempre é página em branco a ser escrita. A própria criança vai escrevê-la, descrevendo aos poucos a sua história. Nunca se sabe no que aquele ser, mimado na origem, e para nós sempre criança, irá se transformar quando crescer. O sequestrador se transforma num cruel assassino de sonhos, causando danos irreversíveis, perpetuamente lesivos.

Daniel Gomes é um pesquisador de tesouros, garimpando incansavelmente nas páginas bíblicas. Também sou. Fui buscar analogias do livro com o conteúdo deste livro. Como sempre, encontrei. Vou repartir com o leitor: pesado foste na balança e achado devedor. Está revelado no livro do profeta considerado um dos maiores, no Antigo Testamento. Homônimo do autor da obra que você tem em mãos: **Daniel**, Quinto capítulo, versículo 27. Há uma balança em dimensões cósmicas, bem regulada nos seus dois pratos, que estabelece juízos de valor, ou seja, aquilo que ao longo da vida você fez ou deixou de fazer. Pior: fez o que não deveria ter feito ou deixou de fazer o que bem poderia. Uma investigação é assim, pode ser muito bem feita, com a obstinação incomum de um Daniel Gomes. Foi ele quem descobriu o artífice do bárbaro assassinato do jornalista Tim Lopes. Não se obtém êxito ao acomodar-se sem usar o talento de um detetive de carne e osso, sem a ficção de Sherlock Holmes ou Hercule Poirot, mas com o faro real de Eliot Ness.

Aqui está um dos episódios das narrativas, Carlos Ramires da

Costa, o Carlinhos, sequestrado (subtraído...) numa sinistra noite de agosto de 1973. O tempo passou, ou melhor dizendo, passamos pelo tempo. Demoras, suspeitas, mentiras, abstrações, elucubrações, fantasias, delírios, falsas confissões e ingerência política envolveram o caso, embrulhado no pacote bem amarrado da impunidade. O olhar arguto e perspicaz de Daniel Gomes não aprecia valas comuns do esquecimento, muito menos cemitérios de poesias ou importação de ideias abstratas em sarcófagos. Sem Oscar como prêmio, ele assume a voz das personagens, perdidas no tempo, como se dissesse (com a licença do escritor Marcelo Paiva): ainda estamos aqui, Daniel Gomes grita, como o profeta no deserto da Judeia. Sem dúvida, pelo menos o eco está devendo respostas.

**PERCIVAL DE SOUZA**
Jornalista e Escritor

# NOTA DO AUTOR

Este livro representa um grito solitário de uma mulher que, aos 52 anos de idade, vivendo num país rico europeu da região da Escandinávia, **a Suécia,** com sua vida material, profissional e familiar já semiestabilizada na cidade de Estocolmo, porém desejando descobrir suas origens e família no Brasil, se encontra, no século XXI, com uma literatura denominada *"Como Investigar Crimes Com Ajuda Divina",* escrita por um solitário Policial Civil Brasileiro, Comissário de Polícia, investigador, Professor, Escritor e Pastor, que narra toda a sua aventura policial, iniciada nos anos 90 num Setor de Homicídios de uma velha Delegacia de Polícia distrital na Baixada Fluminense, no Município de Duque de Caxias, Estado do Rio de Janeiro e que em continuidade já aos 38 anos de efetivo serviço policial e aos 70 anos de idade, retrata ainda o cometimento de crimes de grande repercussão, com a total solução das investigações, com consequente prisão de violentos criminosos, tudo com a atuação da Justiça Divina e Terrena, ratificada através de seus instrumentos policiais, que são verdadeiros heróis, guerreiros e defensores da sociedade, que lutam para obstacular os atos criminosos praticados por homens e mulheres que perderam os princípios éticos, morais e espirituais e que a cada dia se movimentam mais ainda na estrutura mundial, deixando seus rastros de crimes, maldades, injustiças e mazelas sociais que causam traumas de saúde, **físicos,** psíquicos, financeiros e espirituais nas vítimas e seus familiares, tudo sempre em detrimentos de vantagens pecuniárias, ilícitas que avançam a cada dia enormemente em crescimento pelo planeta Terra *ad aeternum*.

# INTRODUÇÃO

Desde o princípio do mundo, com a criação dos seres humanos, ainda no jardim do Éden, já houve necessidade de se impor normas ao único casal habitante da terra, sendo que ambos conseguiram desrespeitar o mandamento e impor àquela geração duras penalidades que se arrastam até os dias de hoje. A partir daquele evento, para se conviver em harmonia, outras legislações foram introduzidas, como os Dez Mandamentos, ou Decálogo, recebido no Monte Sinai pelo Profeta Moisés, por volta do ano 1278 a.C., diretamente da boca de Deus, escrito em duas tábuas de pedra, dez regras redigidas por Deus ao seu povo, a fim de que pudessem viver em paz. Anteriormente podemos citar a Lei de talião, que surgiu por volta de 1770 a.C, no código babilônico de Hamurábi, sendo este o primeiro código de leis escrito da história para ordenar as relações sociais da Mesopotâmia, enquanto governada por Hamurábi. A lei de talião consistia na punição de um criminoso de forma semelhante ao crime cometido, ou seja, "olho por olho, dente por dente". A palavra talião é derivada do latim talio, que significa " retribuição".

O primeiro Código Penal do Brasil independente foi o Código Criminal de 1830, oficializado pela lei de 16 de dezembro de 1830, sancionado por Dom Pedro I, após ser aprovado e decretado pela

Assembleia Geral que previu que crime e delito seria toda a ação, ou omissão voluntária contrária às leis penais.

Posteriormente surgiu o código de 1890, que previa a pena de prisão celular para a quase totalidade dos crimes. Era um sistema de encarceramento que isolava o preso na sua cela, sem direito a trabalho ou visitas. Juntamente com esta modalidade de encarceramento, estabelecia ainda três outras, porém de uso muito restrito: a reclusão, a prisão com trabalho obrigatório e a prisão disciplinar.

Atualmente vivemos sob a égide do código penal editado em 1940, que foi criado pelo Decreto-Lei nº 2848 de 7 de dezembro de 1940, pelo então presidente Getúlio Vargas durante o período do Estado Novo, tendo como Ministro da Justiça Francisco Campos. O código atual representa o terceiro da história do Brasil e é o mais longo em vigência e somente entrou em vigor no dia 1º de janeiro de 1942. Através de Leis extravagantes, foi criado em 13 de julho de 1990 o Estatuto da Criança e do Adolescente (ECA), sendo considerado um marco legal dos direitos humanos de crianças e adolescentes, sendo o ECA inspirado em modelos da Organização das Nações Unidas (ONU), como a Declaração Universal dos Direitos da criança de 1979 e a Convenção Internacional sobre os direitos da Criança de 1989, tudo com fins de protegê-la.

CRIANÇAS SEQUESTRADAS NO BRASIL

# PARTE 1

A REALIDADE SOMBRIA DAS CRIANÇAS DESAPARECIDAS

“

O PORTO DE
SANTOS FOI BERÇO
DE OPORTUNIDADES
E DE TRAGÉDIAS
ESCONDIDAS SOB
O ASFALTO DAS
EXPORTAÇÕES.

”

"Ai dos que planejam a iniquidade, dos que tramam o mal em suas camas! Quando vem o dia, o executam, porque o poder está em suas mãos."

— Miqueias 2:1

# O CAIS DO PORTO DE SANTOS

## CAP. 01

A história do Porto de Santos começou bem antes, ainda no período colonial, sendo de Brás Cubas a ideia de transferir o porto para as águas abrigadas do estuário de Santos, facilitando a defesa, na época, contra o ataque de piratas.

O desenvolvimento da produção de café no Brasil demandou a ampliação da infraestrutura para a exportação do produto. Em 1867, a chegada da estrada de ferro, ligando a capital ao porto, tornou imprescindível a existência de um porto moderno e produtivo.

Em 1888, os empresários Cândido Gaffrée e Eduardo Guinle receberam o direito à construção e exploração do porto. Com este objetivo, constituíram a empresa Gaffrée, Guinle & Cia., com sede no Rio de Janeiro, mais tarde transformada em Empresa de Melhoramentos do Porto de Santos e, em seguida, em Companhia Docas de Santos.

Foi a Companhia Docas de Santos, a CDS, que promoveu seu crescimento e expansão. A diversidade no atendimento sempre foi marca registrada do complexo santista, por onde, até hoje, passam todos os gêneros de carga: açúcar, café, laranja, algodão, adubo, carvão, trigo, sucos cítricos, soja, veículos, granéis líquidos diversos, em milhões de toneladas, somando, desde 1892, mais de um bilhão de toneladas de cargas movimentadas.

## Construção do porto impulsionou a cidade

O legado que a construção do Porto ofereceu à cidade é vasto e diverso. Além da geração de emprego e renda, do papel de propulsor da economia nacional, as obras de engenharia desenvolvidas pela Docas não se restringiram a empreendimentos exclusivos de suas demandas.

Essa participação no desenvolvimento da cidade se iniciou com o resgate das condições sanitárias na região, ainda no século XIX. No ano de inauguração do primeiro trecho de cais, Santos registrava um trágico número: 1750 mortos, vitimados pela febre amarela, que já embarcava pela ferrovia rumo às várias cidades paulistas. No mesmo ano, a varíola fazia 750 óbitos na cidade.

Além de toda importância para o desenvolvimento econômico, viabilizando o comércio marítimo e consolidando-se como um marco da engenharia portuária, a construção do porto representou ainda a solução para o grande problema das epidemias que assolavam a cidade, principalmente em função da insalubridade que a área estuarina representava até o final do século XIX, juntamente com a enorme região de várzea, superada com o projeto de canalização por Saturnino de Brito e com a ação de médicos como Vital Brasil, Emílio Ribas, Carlos Chagas e outros.

Nas últimas décadas, a modernização e o aumento da capacidade dos navios exigiu novas intervenções, como a ampliação do calado no canal de navegação e nos berços de atracação, através de obras de aprofundamento, construção de novos cais e píeres e o reforço estrutural de uma grande extensão de cais concluída com a entrega do trecho entre os armazéns.

O porto também passou por uma ampla reformulação de seu viário interno, nas duas margens do estuário, complementado pela modernização da avenida portuária desde o canal 4 até a Ponta da Praia, com ganhos na capacidade de tráfego e a eliminação do conflito rodoferroviário.

Ao longo do último ano, a Autoridade Portuária elaborou uma série de projetos e empreendimentos voltados ao melhoramento da infraestrutura, com destaque para o aumento do calado, recuperação de cais, melhorias e ampliação da estrutura rodoferroviária, garantindo condições necessárias à operacionalidade do Porto de Santos.

Hoje, Santos responde por cerca de 30% da balança comercial brasileira, com a capacidade de 15,8 milhões de toneladas operadas no último ano, tendo condições de operar três navios simultaneamente, consolidando sua posição de maior porto do hemisfério sul e um dos mais importantes do mundo, por ele passando ainda milhares de turistas todos os anos. Hoje a Autoridade Portuária de Santos (APS) é uma empresa pública, com controle majoritário do Governo Federal, e vinculada à Secretaria Nacional de Portos e Transportes Aquaviários do Ministério de Portos e Aeroportos.

ALI, ENTRE CODINOMES E LENÇÓIS BARATOS, NASCIA O TRÁFICO HUMANO QUE NINGUÉM QUERIA VER.

“Acaso não sabeis que sois templo do Espírito Santo? Portanto, glorificai a Deus no vosso corpo.”

— 1 Coríntios 6:19-20

# A ZONA DE PROSTITUIÇÃO

## CAP. 02

Aqui começa toda a minha história, tramada mesmo antes que eu nascesse, entre becos e vielas daquele conglomerado náutico santista, aonde, nos anos 70, segundo apuração, minha mãezinha já perambulava pela zona de prostituição em busca de sustento como uma das mulheres que vendiam prazer no Porto de Santos. Mas poucos sabem de suas origens e de suas verdadeiras histórias, pois vivem entre o mistério e a fantasia que apresentam uma das profissões mais antigas do mundo. Tudo começa pelo "nome de guerra", que seria uma pseudoproteção para não usarem seus nomes reais e assim somente serem conhecidas através de um codinome. Na verdade, seria como usar uma máscara na vida de prostituição, como se fosse uma atriz interpretando um personagem, explicou uma das garotas que aguardava seus clientes em uma das pequenas portas de um hotel no centro velho, próximo à rua João Pessoa e Brás Cubas. Numa rápida conversa com uma delas, foi revelado que algumas moças no passado chegaram a trabalhar mais perto do cais santista, onde algumas eram até credenciadas a entrar no porto de Santos e já marcar com os tripulantes os encontros noturnos. Houve boatos até de que muitas chegaram a fazer programas nas cabines dos navios ou em alto mar, o que acreditamos ser a história real de uma das personagens deste livro chamada "NINA" e que chegou a se envolver com um marinheiro e viajar para a Suécia, onde teria casado com o mesmo, que posteriormente se revelou alcoólatra, passando a agredi-la a ponto de "NINA" abandoná-lo e tentar achar outro candidato para manter sua cidadania na Suécia. Uma veterana da profissão, entrevistada em uma lanchonete de esquina entre a rua Brás Cubas e a rua João Pessoa, revelou que muitas garotas que vêm trabalhar ali tem diploma universitário, falam mais de uma língua fluentemente e são até de famílias de bem. "Acredito que elas estão nessa vida porque gostam. Acho que é o dom delas." É o caso de *Daiane, uma paranaense, natural de Londrina, que levava uma vida absolutamente normal, em sua terra natal. Casada, mãe de dois filhos, lecionava em uma escola de educação infantil. "Tenho dois cursos superiores, o de pedagogia e o de letras".

A história dela como garota de programa começou depois que as discussões com a sogra, que também era dona da escola onde trabalhava, encheram de problemas seu casamento. "Um dia, para dar um basta, resolvi largar a escola e o casamento." Seduzida pela conversa de uma amiga que trabalhava em uma boate da sua cidade natal, *Daiane quis conhecer o trabalho das garotas de programa, mas como não tinha coragem de frequentar uma boate em Londrina, ela foi até Paranaguá, cidade conhecida pelo seu porto e consequentemente pelas garotas que se envolvem com marinheiros. "Em Paranaguá fiquei apenas duas noites, não gostei da cidade e tinha muito medo de ser reconhecida pelo fato de estar no meu Estado, então consegui uma carona para a cidade de Santos, com um caminhoneiro que ia descarregar no porto santista. Chegando aqui, me alojei em um quarto e comecei a frequentar uma boate que fica nas imediações do porto e a fazer programas amorosos com marinheiros, em sua maioria de origem filipina."

O que sobrou de um período de esplendor são decadentes casas e hotéis de alta rotatividade e a antiga zona boêmia resume-se em um meretrício de nível bem baixo, que é caracterizado pelo ar decadente e sem brilho, abrigando mulheres de diversas partes do Brasil.

**Bares onde há muita movimentação de mulheres de programa (N.E.: esquina das vias João Pessoa e Senador Feijó)**
Foto: Sayonara Farias de Oliveira, em 2008

As velhas histórias de um amor em cada porto são comuns entre as meretrizes, como também são as brigas entre elas pelos seus clientes. "A maioria dos meus clientes são fixos, mas quando não tenho nada marcado, atendo com carinho os novos fregueses, assim quem sabe eles não se tornam fixos também", comenta a mulata vestida de roupão na porta de um casebre do bairro do Centro, em Santos. "Mas fico louca da vida quando vejo meus homens nas garras de outra sirigaita", finaliza.

Segundo um funcionário do Porto que não quis se identificar, as garotas de programa vão pegar as escalas dos navios diariamente, na antiga Dirop. "Geralmente são quatro ou cinco delas que passam para pegar as escalas e elas não dividem com as outras a escalação."

O antigo casarão, como é chamado o prédio do sistema do tráfego, não é o único meio que elas possuem para saberem se os seus clientes irão desembarcar no porto de Santos. Muitas se comunicam com os parceiros através da internet. "Mando e-mails para eles sempre, assim não me exponho tanto indo buscar as escalas, mas também mando quando preciso de alguma ajuda financeira. É simples, vou ao correio e uso a internet, mas quando o movimento está muito intenso no trabalho, peço para alguém de confiança mandar por mim."

Os programas realizados pelas garotas do cais santista variam entre U$100 a U$300. Seus clientes mais frequentes são os filipinos, mas também é comum encontrar nas boates da área portuária pessoas de várias nacionalidades. Segundo algumas mulheres mais antigas na profissão, não mudou quase nada o fato dos navios permanecerem menos tempo atracados, muito pelo contrário. "Agora temos mais procura que antes", confidencia.

**Como nos filmes e novelas** - Muitas tem sorte de sair da prostituição como no filme "Uma Linda Mulher", protagonizado pela atriz Julia Roberts e pelo ator Richard Gere. Mas há casos como o da personagem 'Nazaré', interpretada pela atriz Renata Sorrah, na novela das 20 horas da Rede Globo, "Senhora do Destino", que como dizia sua companheira de bordel "Djenane" (Elizangela): "Uma vez pegadeira, sempre pegadeira".

Cláudia se encaixa nesse perfil, era jovem quando fugiu de casa e veio para Santos, não demorou muito e a menina começou a frequentar as boates da zona portuária. "Costumava fazer programas com russos, ucranianos, alemães e noruegueses, meus prediletos."

E foi justamente um norueguês que mudou radicalmente sua vida, pelo menos enquanto o relacionamento durou. Ela conheceu-o na boate onde trabalha, os dois tinham a mesma faixa etária na época, cerca de 23 anos. O marinheiro, encantado com a beleza de Cláudia, veio para o Brasil passar férias e quis se casar; ela acabou aceitando e foi morar na Noruega.

Cláudia já tinha um filho com o norueguês e estava grávida de outro. Morou por dois anos lá, mas voltou sozinha para o Brasil. O motivo foi traição. Enquanto o marido trabalhava, ela encontrava-se com o melhor amigo dele. Quando descoberta pelo pai de seus filhos, ele a mandou embora e ficou com a guarda das crianças.

“ENQUANTO OS NAVIOS PARTIAM, LEVAVAM TAMBÉM ALMAS VENDIDAS E MEMÓRIAS QUE NUNCA VOLTARIAM.”

"Tudo me é permitido, mas nem tudo convém. Tudo me é permitido, mas eu não me deixarei dominar por nenhuma delas."

— 1 Coríntios 6:12

# OS NAVIOS E ORGIAS COM MULHERES A BORDO

## CAP. 03

No início do Século XIX, Santos foi um dos principais portos brasileiros para o desembarque de imigrantes, que afluíam principalmente da Itália e do Japão. Porém, a infraestrutura da cidade e suas atividades econômicas não comportavam o acolhimento destes indivíduos, que rapidamente se distribuíam para o interior do estado. Nesta época, Santos era conhecido como o "Porto da Morte", em virtude das diversas epidemias de doenças tropicais que acometiam periodicamente a população, acirradas pela falta de saneamento básico e condições precárias de moradia e higiene da população, bem como pela natureza alagadiça da cidade; este cenário alterou-se somente com as obras sanitárias realizadas por Saturnino de Brito a mando do então Secretário do Interior do Estado, Vicente de Carvalho, que criou os canais de drenagem que são hoje marcos da paisagem urbana santista. Alcançamos o século XX, onde o início desta história ocorre com a citação da lembrança dos navios Aliança e Botafogo, que eram navios de cabotagem que nos anos 70 sempre descarregavam no Porto de Santos, e que nos trazem lembranças pelas recordações.

O primeiro marido de Nina foi o marinheiro que trouxe ela do porto de Santos; esse marinheiro encontrou a Nina, se apaixonou por ela quando ela ainda era uma menina de rua largada; ele era cachaceiro, alcoólatra, como muitos marinheiros eram naquela época, porque naquele período não existiam muitas regras do uso de álcool em embarcações no Porto de Santos. Hoje em dia o marinheiro não pode mais bordar o navio com álcool ou drogas no sistema. Nessa época, não tinham essas regras de fiscalização. Eles embarcavam ou saiam do navio e iam direto para as festas com as meninas nas ruas João Pessoa, Senador Feijó e praça José Bonifácio, aonde se localizavam as casas de prostituição conhecidas como Lupanar, prostíbulo, privê, bordel, zona, casa da luz vermelha, casa das primas, casa de facilidades, cabaré e puteiro, que eram casas de shows, boates e night-clubs, aonde todos enchiam a cara bebendo muito e depois iam para os hotéis da área, ou então burlavam o acesso aos navios e até conseguiam levar as mulheres para o interior da nau, onde ficavam até o dia seguinte quando as mulheres eram dispensadas e eles, marinheiros, voltavam para trabalhar. Porém, hoje em dia, já existem outras regras mais rígidas. Na época, eles podiam levar as meninas nos navios também, hoje já não se pode mais, tem outras normas, ou seja, droga, álcool e mulher não podem mais embarcar.

“UMA VIDA DE PROMESSAS VAZIAS, SUSTENTADA POR BEBIDAS FORTES E SILÊNCIOS COVARDES.”

"Há caminho que parece certo ao homem,
mas no final conduz à morte."

— Provérbios 14:12

# NINA E RUSTAN, O MARINHEIRO SUECO

## CAP. 04

Nina, que é personagem central nessa história, chegou na Suécia no ano de 1967, mais precisamente na cidade de Gotemburgo, que é a segunda maior cidade da Suécia, também muito famosa por ser uma cidade que possui um porto muito lindo e uma vida noturna pujante. Lá sempre ancoraram muitos navios e grandes embarcações, que movimentam aquele porto com muitos marinheiros suecos, que sempre estiveram acostumados a viajar por longas distâncias, como por exemplo ao Brasil, mais precisamente no Estado de São Paulo, que possui o maior porto brasileiro, o porto de Santos.

Nina, que anteriormente trabalhara na prostituição, como mulher de rua no porto de Santos, acabou por conhecer, entre os seus clientes, um marinheiro sueco chamado pelo nome de "Rustan", que sempre vinha ao Brasil em navio sueco que aportava para descarga no porto de Santos. Eles sempre se encontravam e imediatamente ele se apaixonou por ela. Depois de vários encontros e relacionamentos, propôs a Nina uma união entre os dois, que acabaram por gerar um pseudo filho, sendo que tempos depois ele perguntou a Nina se ela e o filho gostariam de viajar e viverem todos juntos na Suécia, como família, e em ato contínuo, "Rustan" pediu a mão de Nina em casamento. Assim foi a história da saída de Nina do Brasil, dito e feito! Os dois se casaram e em breve eles partiram juntos num navio de bandeira sueca para a cidade de Gotemburgo, na Suécia, aonde Nina começou uma nova vida com o marido marinheiro; porém, infelizmente, ela foi obrigada a deixar ou teve que deixar o pseudo filho no Brasil, sob o argumento de que ia voltar depois para buscar o menino, que foi deixado sob os cuidados da avó, a mãe de Nina, que o criou até a maioridade, quando ele veio a falecer na cidade de Santos, vítima de um roubo seguido de morte.

Chegando na Suécia, Nina, que sempre vivera uma vida de prostituição/desregrada, tentou fazer de tudo para se adaptar como uma mulher casada, do lar e esposa do marinheiro Rustan. Começou a conhecer o seu novo país e a projetar o seu futuro na Suécia, morando na cidade de Gotemburgo. Ali, Nina começou a estudar o idioma sueco e ao mesmo tempo tentou arrumar um novo trabalho no seu novo país. Porém, Nina começou a se sentir muito solitária naquele país frio e passou a ficar muito infeliz, pois já não tinha mais aquela vida promíscua e sem compromissos, pois agora era uma senhora casada e as coisas antigas haviam ficado lá no Brasil. Em busca de novas amizades, mais tarde ela passou a participar de algumas reuniões em Gotemburgo e começou a se reunir com outros casais formados por marinheiros suecos e suas esposas - mulheres que também haviam sido prostitutas no Porto de Santos. Identificadas pelos codinomes MAÍRA, VÂNIA, ALEXANDRA, ZORAIA e GLÓRIA, todas conheceram os marinheiros suecos durante sua passagem pelo Brasil. Após promessas de casamento, embarcaram nos navios rumo à Suécia, aonde acabaram se casando com esses marinheiros. Juntas com Nina, essas mulheres formaram um grupo de seis casais unidos pela amizade, pela alegria, pelos sonhos em comum e pela vida que e projetos que começavam a construir com seus maridos suecos.

No entanto, o marido marinheiro de Nina infelizmente, como muitos naquela época, tinha um grave problema com a bebida - especialmente com a cachaça - e acabou se tornando um alcoólatra. Com o tempo, o casamento se transformou numa relação infeliz e marcada pela violência, pois "Rustan" batia muito nela e já não havia mais respeito entre ambos. Em menos de dois anos, Nina se divorciou do marinheiro "Rustan" e passou a viver sozinha em outra região daquele país, voltando a se prostituir em bares, casas de show e clubes noturnos.

“ELA QUERIA
UM HERDEIRO,
ELE QUERIA UM
LEGADO — MAS
NADA DISSO
NASCEU DO AMOR.”

“Pois que aproveitará o homem se ganhar o mundo inteiro e perder a sua alma?”

— Mateus 16:26

# NINA E BERTIL, O EMPRESÁRIO SUECO

## CAP. 05

Após o divórcio com Rustan, em 1968, ou seja, menos de dois anos depois de ter sido levada para a Suécia pelo marinheiro e casado com ele, Nina já estava morando sozinha em seu apartamento na cidade de Gotemburgo. Levava uma vida típica de uma mulher largada, livre e solteira, passando a frequentar festas, discotecas e casas noturnas, saindo para se divertir com as amigas e sempre trabalhando como mulher de rua com os homens suecos.

Nina adorava a vida com dinheiro no bolso. Ela cobrava valores altos dos homens e eles pagavam para se satisfazerem sexualmente na melhor maneira, claro! No mundo de Nina, aquilo era apenas um trabalho, onde ela ganhava muito bem! Na Suécia, Nina era vista como exótica. Sua cor da pele escura chamava atenção e era especialmente apreciada pelos suecos, que gostam de mulheres negras.

O tempo passava até que, em um belo dia, Nina recebeu um convite especial de uma amiga: passar um dia como convidada VIP em um grande evento da Fórmula 3, na Suécia. Uau" Nina mal podia acreditar naquele convite maravilhoso. ela viu ali todas as oportunidades de encontrar um homem ou homens ricos, que poderiam de alguma maneira ou outra abrir os caminhos dela, na vida do lucro fácil! Ela somente sonhava com isso, em ter muito Para ela, era mais do que um simples passeio - era uma oportunidade de ouro. Imaginou logo a chance de conhecer homens ricos, influentes, que talvez pudessem abrir portas para uma vida de luxo e facilidades!

Nina sonhava alto: desejava muito dinheiro, um grande amor, carros esportivos e o status de esposa de um milionário. Para ela, aquele evento poderia ser o início de tudo isso.

Nina chegou ao evento da corrida de carros da Fórmula 3, que reunia muitas pessoas influentes, incluindo o lendário Ronnie Peterson, piloto famoso oriundo da Fórmula 1. Depois da corrida terminar, houve um grande coquetel, seguido de uma festa animada, repleta de celebridades. Nina estava muito feliz e se divertindo muito, todos estavam impressionados com aquela linda negra vinda do Brasil, com sua pele escura e presença marcante.

Em meio à festa, enquanto aproveitava o ambiente glamouroso, Nina estava conversando com um homem rico, bonito, loiro, de olhos azuis, que era um piloto da Fórmula 3. Ele se apresentou como Bertil Svenfjord. Para Nina, foi paixão à primeira vista. Ele era exatamente o que ela sempre sonhara: charmoso, bem-sucedido, com carros esportivos e, para completar, herdeiro de uma grande empresa de táxi que administraca junto com o pai.

Bertil também se apaixonou por Nina, não demorou a pedi-la em casamento. No ano de 1969, eles se casaram em uma linda igreja na Suécia, com direito a uma grande festa. Nina estava muito feliz e apaixonada; agora ela tinha quase tudo que sonhava, mas faltava uma coisa para completar a sua saga, que seria ter um filho ou filha com Bertil, fato que a deixaria com um vínculo definitivo com a herança daquele milionário. O tempo passava e infelizmente, depois de muito tentarem produzir um filho, descobriram através de um médico sueco que Bertil não podia gerar filhos, pois ele era infértil. Seu sêmen não produzia espermatozoides viáveis para engravidar Nina. Nina, em uma última tentativa, levou Bertil a um dos maiores especialista em andrologia para fazer um último exame e discutir possíveis alternativas dela engravidar.

Infelizmente, o médico foi direto e disse a Nina:

- Não posso ajudar a senhora, pois já fizemos de tudo para o Sr. Bertil e não existe meio dele poder gerar um filho. A única opção agora seria adotar uma criança com seu marido.

Com este conselho, Nina, com o firme propósito de gerar um descendente para compartilhar o dinheiro de Bertil, deu a ideia de adotar uma criança. Ela e Bertil chegaram a um acordo, e Nina sugeriu que o melhor lugar para fazer isso era buscarem uma criança na área do Porto de Santos, local que Nina conhecia muito bem e sabia da vulnerabilidade e fragilidade das prostitutas e mães solteiras que por ali transitavam, o que facilitaria encontrar uma criança e lhe dar um novo destino.

“

QUANDO A VERDADE
É APAGADA EM
CARTÓRIO, NASCE
UMA MENTIRA COM
SELO OFICIAL.

”

"Não furtareis, nem mentireis, nem usareis de falsidade cada um com o seu próximo.

— Levítico 19:11

# A DOCUMENTAÇÃO FALSIFICADA

## CAP. 06

Já casada com Bertil e portando documentos suecos que a identificavam com o sobrenome Svenfjord, Nina viajou para o Brasil sozinha, levando consigo recursos financeiros suficientes para realizar o que planejava: adquirir - ou até mesmo sequestrar - uma criança preferencialmente recém-nascida, falsificar documentos, e assim apresentar ao marido um filho que pudesse consolidar ainda mais seu vínculo conjugal com o empresário Bertil. Seu objetivo era claro: agradar o marido e, ao mesmo tempo, garantir a existência de um herdeiro, que lhe conferisse direitos sobre a herança do empresário, que possuía grande patrimônio empresarial, em caso de sua morte.

Ela sabia exatamente onde procurar. Na região portuária de Santos, em meio à extrema pobreza e vulnerabilidade das mulheres que ali viviam - especialmente envolvidas com a prostituição -, não seria difícil encontrar um menino ou uma menina recém-nascida sem documentos ou com documentos pendentes de regularização por causa da total miserabilidade familiar da mãe. Nos anos 70, essa realidade era agravada por surtos de doenças como febre amarela, varíola, peste bubônica e inclusive de sarna, que se alastravam pela cidade devido às condições precárias do saneamento. A insalubridade era tamanha que o local chegou a ser conhecido como "Porto Maldito", herança de uma reputação construída desde o início do século XX no Porto de Santos.

“COM UM NOME EMPRESTADO E DUAS TESTEMUNHAS FANTASMAS, APAGARAM A IDENTIDADE DE UMA CRIANÇA REAL.”

“O Senhor odeia balanças desonestas, mas os pesos exatos lhe dão prazer.”

— Provérbios 11:1

# O CARTÓRIO DE GUARUJÁ

## CAP. 07

Com conhecimento total no submundo da prostituição e com o dinheiro que portava, Nina, já como uma senhora de cidadania sueca, localiza uma menina com alguns meses de vida que vagava na área de prostituição.

O próximo passo seria encontrar alguém com conhecimento suficiente para produzir documentos com aparência legal, viabilizando a saída das duas do Brasil rumo à Suécia. Para isso, era essencial apagar o passado daquele bebê: criar uma nova identidade, com nova mãe, novo local de nascimento e um novo registro civil.

Assim, foi providenciado um registro tardio de nascimento no nome de Suely Aparecida dos Santos, feito por uma mulher que se apresentou como mãe da criança, alegando apenas ter perdido o prazo legal para registrá-la. O documento foi lavrado no cartório do Distrito de Vicente de Carvalho, Comarca de Guarujá, Estado de São Paulo, localizado à rua Aristides Rodrigues de Castro, nº 273.

O registro de nascimento foi efetuado no dia 2 de outubro de 1973, declarando que o nascimento teria ocorrido anteriormente, em 19 de fevereiro de 1973, às 22h46 minutos, na rua Oswaldo Cruz, n⊠ 38, município de Santos. Consta no documento que a mãe se chamava Nina, e que o ato foi ratificado por duas únicas testemunhas de nomes Ana Diva Araújo e Maria Auxiliadora Nunes dos Santos, que na época não possuíam cadastro de pessoas físicas, identidades e nem referência de endereços, fato que nos anos 70 era permitido pela legislação brasileira, que somente exigia a constatação de duas testemunhas presenciais da declaração de nascimento e os nomes delas. Isso favoreceu o uso de nomes genéricos e comuns, o que, posteriormente, dificultou a verificação da autenticidade do registro. Estima-se que existiam no Brasil cerca de 3000 mulheres no com os mesmos nomes das duas testemunhas do registro, o que pode ter contribuído para o desaparecimento de outras crianças em situações semelhantes, facilitando o tráfico internacional de menores naquele contexto.

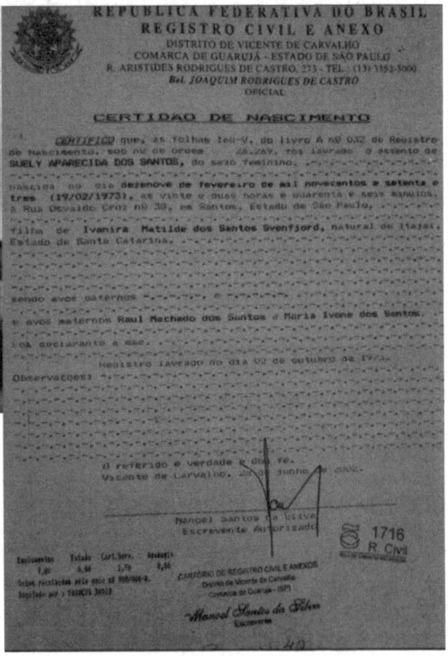

REPÚBLICA FEDERATIVA DO BRASIL
REGISTRO CIVIL E ANEXO
DISTRITO DE VICENTE DE CARVALHO
COMARCA DE GUARUJÁ - ESTADO DE SÃO PAULO
R. ARISTIDES RODRIGUES DE CASTRO, 273 - TEL.: (13) 3352-3000
Bel. JOAQUIM RODRIGUES DE CASTRO
OFICIAL

CERTIDÃO DE NASCIMENTO

CERTIFICO que, às folhas [illegible], do livro A nº 032 de Registro de Nascimento, sob nº de ordem [illegible], foi lavrado o assento de **SUELY APARECIDA DOS SANTOS,** do sexo feminino,

nascida no dia **dezenove de fevereiro de mil novecentos e setenta e três (19/02/1973),** às vinte e duas horas e quarenta e seis minutos, à Rua Oswaldo Cruz nº 38, em Santos, Estado de São Paulo,

filha de **Ivanira Matilde dos Santos Svenfjord,** natural de Itajaí, Estado de Santa Catarina.

sendo avós paternos

e avós maternos **Raul Machado dos Santos** e **Maria Ivone dos Santos.**

Foi declarante a mãe.

Registro lavrado no dia 02 de outubro de 1973.

Observações:

O referido é verdade e dou fé.
Vicente de Carvalho, [illegible] de junho de [illegible].

Manoel Santos da Silva
Escrevente Autorizado

COM O PASSAPORTE
NA MÃO, ELA
DEIXOU O PAÍS
LEVANDO MUITO
MAIS QUE UMA
CRIANÇA: LEVOU
UMA HISTÓRIA
APAGADA À FORÇA.

Ai dos que chamam ao mal bem e
ao bem mal."

— Isaías 5:20

# SEQUESTRO E CIDADANIA SUECA

## CAP. 08

Já devidamente registrada oficialmente como Suely Aparecida dos Santos, a criança, com cerva de nove meses de vida, passa a ter todos os seus documentos preparados para uma tentativa de fuga do Brasil com destino à Europa - mais precisamente a Suécia, local final de destino, na cidade de Gotemburgo.

A Certidão de Nascimento original, emitida em cartório, na qual a pseudo-mãe Nina constava no documento, viabilizou a saída de ambas. De alguma forma, conseguiram lograr êxito na empreitada, com o objetivo de encontrar seu pseudo-futuro pai Bertil, que já encontrava estabelecido em Gotemburgo. Lá, Nina e Bertil passam a se apresentar como os legítimos pais da criança, que fora registrada no Brasil sob o nome Suely Aparecida dos Santos.

Durante toda a preparação e deslocamento rumo a Suécia, Nina esteve acompanhada de uma figura masculina conhecida apenas como

"Índio", um homem moreno e forte, sempre presente para lhe dar apoio e proteção na cidade de Santos.

Tempos depois, aquela criança, já com alguns anos de vida, ressurge inexplicavelmente já como filha legal do casal Nina e Bertil, portando passaporte sueco e registrada com um novo nome: Suely Svenfjord.

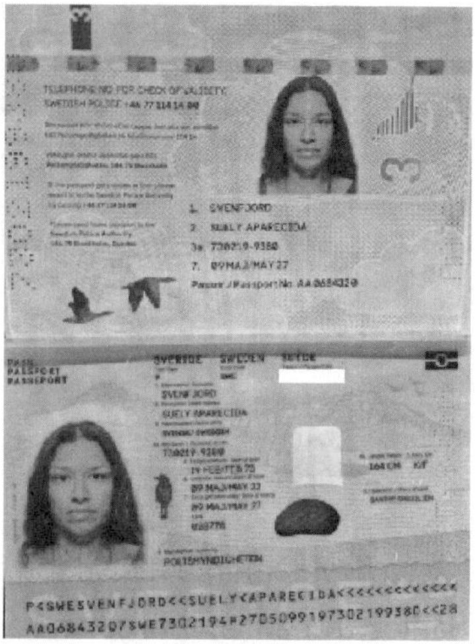

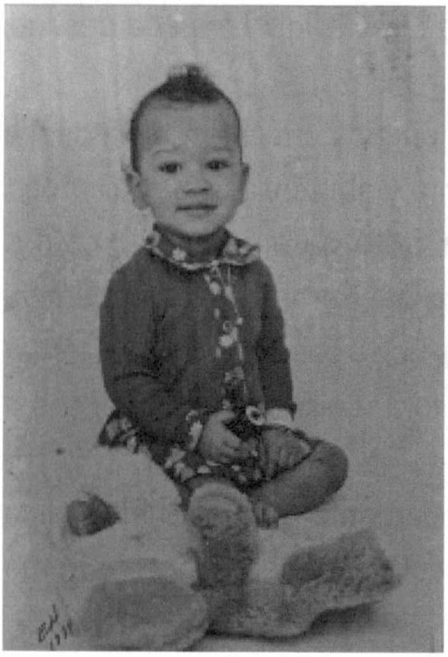

Suely, Nina e Bertil; o passaporte sueco.

CRIANÇAS SEQUESTRADAS NO BRASIL

# PARTE 2

A REALIDADE SOMBRIA DAS CRIANÇAS DESAPARECIDAS

“VIVER SEM SABER DE ONDE SE VEIO É CAMINHAR COM UM BURACO NA ALMA ONDE DEVERIA HABITAR UMA FAMÍLIA.”

“Os teus olhos viram o meu embrião;
todos os dias determinados para mim
foram escritos no teu livro.”

— Salmos 139:16

# MINHA ORIGEM

## CAP. 09

Estou aqui hoje para contar a minha história ao Brasil e ao mundo. Não sei se é verdade, mas acredito ter nascido no dia 19 de fevereiro do ano de 1973, possivelmente no horário de 22:46 minutos e provavelmente na rua Oswaldo Cruz, no. 38, na cidade de Santos Trata-se de um prédio com vários apartamentos. No entanto, o meu pseudo-registro de nascimento foi lavrado em cartório, no Município de Guarujá, apenas em 2 de outubro de 1973, informando a data do nascimento em 19/02/1973, ou seja, 8 meses antes.

O documento foi ratificado por duas falsas testemunhas, pois na época não exigiam cadastro de pessoas físicas, identidade e nem endereços. Eram os anos 70, período em que muitas crianças no Brasil foram vítimas do tráfico humano, sendo levadas para adoção – inclusive para o exterior – por casais que desejavam filhos.

O nome que me foi atribuído na Suécia foi SUELY SVENFJORD. Mas fomos sequestrados do Brasil, de forma muito infeliz. Levaram de nós nossas identidades, nossos nomes verdadeiros, nossa história e o direito fundamental de saber quem somos e de onde viemos. Fomos privados da conexão com nossa família, com nossas raízes e com nossa própria humanidade.

Rua Oswaldo Cruz, 38 - Suely Santos aos 7 anos de idade com Nina

Cheguei a Suécia com apenas nove meses de idade. Nina não chegou sozinha no avião, ela tinha a companhia de um senhor que era conhecido como "Índio". Ele permaneceu na Suécia por um bom tempo antes de voltar ao Brasil, pois era naturalde Santos. Era um homem bem alto, com cabelos longos e aparência realmente de indígena.

Lembro dele desde a infância. Em algumas viagens que fiz ao Brasil com Nina, ficávamos em uma favela próxima ao Porto de Santos. A filha do "Índio" costumava cuidar de mim como se fosse uma babá. Ele também estava sempre presente e passava muito tempo ao lado da Nina durante o período em que estávamos vivendo no Brasil. Eu era apenas uma criança, com cerca de sete anos de idade.

Até hoje eu carrego essa dor: não sei quem é minha mãe, meu pai verdadeiro e se tenho irmãos. E esse vazio atinge até meu filho, que sofre por não saber quem são seus primos, tios, tias e avós. Hoje, aos quase 50 anos, vivi a vida inteira sem conhecer minha verdadeira origem - porque ela me foi roubada.

Felizmente, eu só descobri toda a verdade no dia em que Bertil, já muito doente e quase morrendo num hospital de idosos na Suécia, aos 92 anos, me contou. Ele havia sido deixado naquele local por Nina, com quem conviveu por apenas doze anos, antes de se divorciarem em 1981.

Apesar dos dos erros, Bertil foi, de certa forma, um grande homem, que tentou me proteger, cuidando de mim enquanto pôde. Um dia, já internado no hospital, ele me chamou e admitiu a verdade: havia pago pelo meu sequestro. Contou que os documentos foram rasgados e queimados para apagar qualquer vestígio da minha origem. Durante os poucos anos em que convivemos, eu o questionei muitas vezes sobre quem eu realmente era - afinal, carregava seu sobrenome. Svenfjord No fim da vida, antes de morrer, Bertil finalmente admitiu que teria feito coisas erradas e me pediu desculpas, morrendo pouco tempo depois.

Durante minha adolescência, me lembro de uma jovem mulher chamada Marina. Eu tinha 11 ou 12 anos quando, certo dia, Nina apareceu e disse: "Essa aqui é sua prima, Marina." Eu perguntei: "Que prima?" E ela respondeu: "Ah, você nunca conheceu ela". Mas tudo aquilo era mentira, era tudo papo furado, como a gente fala no brasil.

Não, Nina somente trouxera essa mulher para trabalhar na noite. Eu fui saber tempos depois que essa Marina era filha de uma amiga de infância de Nina e nada mais. Marina deixou todos os filhos dela no Brasil e se mandou para a Europa com a Nina, na esperança de tentar uma vida melhor. Claro, afinal, trabalhando com homens em casas de show, muitas mulheres que deixam o Brasil e vêm para a Europa o fazem na expectativa de melhorar a vida financeira e ajudar a família, mandando dinheiro para o Brasil. Foi com essa expectativa que Marina veio. E, com essa mesma determinação, algum tempo depois, ela foi para a Dinamarca, na sua capital, Copenhagen, onde, segundo diziam, havia outros "tipos" de homens.

Então, as "madames" se mandaram para lá para fazer negócios. Alugaram juntas um apartamento no centro de Copenhagen, perto de uma rua conhecida por seus *night clubs, casas de striptease*, bordéis e outras mulheres que também trabalhavam nas ruas. Lá, diziam que era mais fácil "fazer a vida" e ganhar muito dinheiro - mais até do que na Suécia - porque tudo era mais liberado, e havia mais oportunidades de lucro. Na Dinamarca, era possível fazer mais, e isso significava também faturar mais.

Quando eu era criança, não entendia por que tantas moças vinham do Brasil e passavam a morar na nossa casa grande. Com o tempo, percebi. Nina era uma mulher extremamente sádica. Ela me tratava como uma escrava. Para mim, a vida se resumia a ir para a escola, apanhar e fazer faxina, nunca podia brincar.

Ela chegava em casa tarde da noite, acompanhada de homens bêbados, cheirando a álcool e cigarro. Eu normalmente estava sozinha em casa, com muito medo. Tinha que colocar uma camisola branca e ficar deitada quietinha na cama. Então, aqueles homens - pedófilos - me acariciavam e eu chegava a fazer xixi na calça de tão apavorada. E Nina, fria, ameaçava: "Quando esses homens forem embora, eu vou te matar.

Ela me arrastava até o banheiro e me sufocava enfiando minha cabeça dentro do vaso sanitário, puxando a descarga enquanto eu lutava para respirar. Outras vezes, me jogava debaixo do chuveiro com a água escaldante, me queimando, e ainda dava chutes na minha barriga até eu perder o fôlego. Ela era um monstro. Não tinha nenhum afeto por mim. Eu me sentia como uma escrava - como a "Isaura" - abusada por pedófilos, porque tudo que Nina queria era dinheiro. Eu era apenas um meio para isso.

Suely, com 11 anos e Bertil

Minha suposta avó, mãe de Bertil

“

O LUXO DISFARÇAVA OS ABUSOS. AS FESTAS ESCONDIAM GRITOS. A DOR, ESSA NINGUÉM QUERIA VER.

”

“Nada há encoberto que não venha a ser revelado, nem oculto que não venha a ser conhecido.”

— Lucas 12:2

# NINA E ERICSSON, O DIRETOR SUECO

## CAP. 10

O tempo passava e quando eu tinha 12 anos de idade, Bertil e Nina se divorciaram. Nina tinha muitos problemas com álcool, barbitúricos e outras substâncias tóxicas. Além disso, durante o casamento com Bertil, ela fazia grandes orgias com brasileiras, que também se prostituíam, tudo isso enquanto Bertil viajava, o que era comum, porque ele raramente estava em casa. Ele cuidava de sua empresa de táxi e caminhões, o que facilitava que ela levasse uma vida dupla sem que ele soubesse o que realmente acontecia na casa. No entanto, Bertil também já mantinha outro apartamento e uma relação com outra mulher durante aquele casamento infeliz. Ainda assim, continuava pagando as passagens para que nós viajássemos ao Brasil e passássemos algum tempo em Santos, em uma casa localizada na Praça Presidente Wilson, em São Vicente.

Após o divórcio com Bertil, Nina voltou a viver sozinha, levando a vida de uma mulher solteira. Trabalhava na noite, envolvida nos negócio de um bordel, e frequentemente saía para eventos em *night clubs*. Isso se tornou algo comum na minha infância. Ela costumava chegar em casa de madrugada, bêbada e acompanhada de homens que trazia para continuar a festa dentro de casa. Ao mesmo tempo, também levava os pedófilos no meu quarto, com ela presente, e eles me tocavam e me abusavam sexualmente, resultando numa violência contra uma criança.

Durante estes anos de solteira, houve uma noite em que, à primeira vista, se parecia como tantas outras, mas acabou sendo diferente. Naquela ocasião, ela conheceu um homem chamado Ericsson, em seu *night club* preferido, que era conhecido pelo nome de "Cabaret Lorensberg", localizado na cidade de Gotemburgo. Assim como os maridos anteriores, ele ficou encantado com a cor, a sensualidade e o charme de Nina.

Ericsson era um homem bem-sucedido. Trabalhava como vice-diretor de uma grande companhia, viajava com frequência a trabalho, dirigia um Mercedes Benz novo e morava em uma imensa casa de três andares. Nina, como sempre ocorria, se apaixonou por ele de verdade e os dois se casaram numa magnífica festa, marcada por luxo e celebração. Após o casamento, Nina iniciou sua terceira experiência como esposa, passando a viver com Ericsson na cidade de Gotemburgo na Suécia.

Ericsson era um homem muito respeitoso pelo trabalho dele como vice-diretor de empresa. Continuava viajando com frequência a negócios para a Alemanha, Suíça, e vários outros países onde mantinha importantes compromissos profissionais. Nina, por sua vez, já estava acostumada a ficar sozinha em casa comigo, pois eu, com 12 anos, também passava um tempo ali, quando não estava com Bertil e a minha madrasta, Chris.

Ao lado de casa, Nina abriu uma empresa especializada em roupas para teatro, fantasias de carnaval e outras ocasiões festivas. Ela alugava vestidos de baile, ternos para casamentos e outros trajes temáticos. Além disso, ela também organizava animadas festas de Carnaval, sempre com a presença de muitas brasileiras. Nessas ocasiões, era ela mesma quem cozinhava e também assumia o papel de DJ.

Nina tinha um verdadeiro dom para os negócios. As festas - sempre regadas a sexo, comida e bebida - geravam muito dinheiro. Na Suécia, essa combinação se mostrava especialmente lucrativa.

O tempo passava, e Nina e Ericsson levavam uma vida confortável, aproveitando os prazeres que ela podia oferecer. Gostavam de sair para bons restaurantes e os dois também eram apaixonados por festas - sempre acompanhadas de muito vinho. Ericsson, em especial, adorava beber whisky e fumava bastante. Era um homem elegante, sempre bem vestido com terno e gravata, e adorava supreender Nina com viagens inesperadas para destinos como Espanha ou Berlim, especialmente durante os *long weekends*, que em português significam fim de semana prolongado.

Romântico por natureza, ele costumava presentear Nina, demonstrando seu amor e carinho, com relógios, roupas e buquês de rosas. Ele a tratava como uma verdadeira rainha.

Eu era tratada como se fosse a filha dele, pois eu também recebia presentes e brinquedos, e eu adorava quando ele chegava de alguma viagem, porque era como se fosse natal! Sempre tinha presentes para nós!

Vivíamos nós três naquela casa grande. Nina estava visivelmente alegre e apaixonada, encantada com a vida de esposa ao lado de Ericsson. Até eu, como criança, percebia o quanto ela estava feliz - afinal, ela já não me batia e nem me agredia tanto quanto antes.

Eu havia me acostumado a conviver em companhia de uma Nina violenta e sádica, e passava boa parte do tempo tentando evitar deixá-la irada, pois sabia que, se ela se enfurecesse, me puniria de alguma forma - física ou emocionalmente.

Um belo dia, Nina me chamou para conversar e disse:

- Senta aí, Suely! Quero te avisar que vou viajar para o Brasil e trazer sua prima Marina para morar com a gente aqui na Suécia.

Dito e feito. Lembro-me muito bem da noite em que Marina chegou do Brasil, acompanhada de Nina. Imediatamente, eu a adorei. Cheguei até a agradecer a Deus, acreditando que Ele teria mandado aquele anjo para me proteger das surras de Nina.

E, de certa forma, foi verdade. Muitas vezes, Marina me defendia e me salvava da violência de Nina - especialmente quando ela bebia demais e queria me bater ou me castigar por qualquer motivo, reassumindo seu papel de sádica e violenta. Até quando não tinha motivo. ela inventava qualquer coisa para que eu apanhasse. Em algumas ocasiões, chegou a me trancar no banheiro, e com sadismo abaixava a minha calcinha e com um cinto me batia como se eu fosse uma escrava nas fazendas de antigamente. E ainda gritava:

**"Se chorar vai apanhar ainda mais!"**

Graças a presença de Marina, as coisas se acalmaram por um tempo. Mas não levou muito tempo depois da chegada de Marina para que Nina começasse a traçar novos planos: queria ganhar muito dinheiro usando a beleza de Marina - que era morena, tinha o rosto bonito e um corpo de sambista - para atrair homens. Marina, sem entender completamente as intenções de Nina, acabou sendo envolvida em seus esquemas.

Ericsson continuava viajando muito a trabalho, o que abriu espaço para que Nina encontrasse novas oportunidades. Aproveitando a ausência do marido, ela passou a levar Marina ao *night club* Lorensberg, onde apresentava a jovem para vários homens. E assim, as duas passaram a trabalhar juntas naquele ambiente, enquanto Ericsson acreditava que sua esposa levava uma vida recatada em casa.

No entanto, essa ilusão começou a ruir quando alguns colegas de trabalho de Ericsson, que frequentavam o *night club* Lorensberg, avistaram Nina e Marina repetidas vezes dançando, bebendo e sentadas em mesas conversando com muitos homens naquele local. Em algumas ocasiões, também as viram saindo da casa noturna num táxi junto com esses homens e indo embora para casa.

Como forma de não deixar rastros, Nina mandava os clientes entrarem pelo porão da casa, evitando a porta principal. Mas claro que os colegas de Ericsson ligaram para ele e avisaram o que tinham visto naquela noite. Ericsson não estava na Suécia naquela ocasião e levou um choque quando recebeu a triste notícia de que a esposa dele fora flagrada em companhia de homens na sua casa.

Seu coração partiu em dois. Era o início da grande crise, pois agora ele teria que confrontar Nina assim que retornasse de viagem.

Alguns dias depois, numa tarde de sexta-feira, Ericsson finalmente voltou para casa. Estavam as duas mulheres lá, Nina e Marina. No início, ele não disse uma palavra. Estava muito cansado e somente queria tomar um banho, almoçar e tomar um bom - e, como de costume, apreciar seu whisky favorito.

Mal sabia Nina que ele já estava informado de tudo que estava acontecendo na sua ausência, dentro da sua própria casa. Não sabia se o pior era saber que ela tinha mantido casos sexuais em troca de dinheiro ou  o fato de que fora flagrada por vários conhecidos seus!

A hora do almoço transcorreu em silêncio tenso. Lembro-me dos três à mesa, comendo e bebendo, como se tudo estivesse normal. No final, como de costume, Ericsson pegou sua taça de whisky e um cigarro - pois os dois sempre fumavam juntos. O whisky começou fazer efeito, trazendo relaxamento e deixando afolrar os sentimentos guardados de Ericsson. Chegara ao momento de confrontar Nina sobre tudo o que havia descoberto.

Ericsson estava profundamente abalado, carregando um turbilhão de emoções no peito e uma angústia que parecia rasgar sua alma. Toda aquela situação lhe causara enorme decepção e tristeza. A dor da humilhação com os comentários e fatos concretos que lhe haviam contado geraram muita fúria, raiva e vergonha. Não apenas pelos atos de Nina, mas também pela escândalo pública que a situação havia provocado entre seus amigos e na sociedade local.

Nina, pega de surpresa, ficou visivelmente assustada. Mas, esperta como era, tentou minimizar os fatos. Negou qualquer envolvimento mais sério e admitiu apenas que teria ido dançar no *night club* Lorensberg. Disse que tinha dividido um táxi com alguns homens porque eles estariam indo no mesmo caminho delas ou seja, para o mesmo bairro, e que isso não era nada demais.

Mas agora Ericsson já sabia de toda a verdade e tinha certeza de que ela estava mentindo. Tomado pela raiva, repentinamente se levantou e deu dois tapas no rosto de Nina.

Assustada, Nina se levantou da mesa com muito medo. Ela sabia que, quando bebia, Ericsson se tornava um homem muito ciumento e violento. Tinha tendências agressivas e já não era a primeira vez, e nem seria a última, que ele levantava a mão para bater em Nina. Ela correu para o quarto e ele foi atrás. Chegou até a escada que ia para o porão, onde ficavam a sauna, o bar e a lavanderia, além deum salão de festa e diversão. Dali, ele empurrou Nina na escada com muita força, pois estava bêbado e furioso naquele momento.

Eu – ainda uma criança – e Marina ficamos com muito medo da violência dele, pois não podíamos fazer mais nada a não ser gritar para tentar fazer com que ele parasse. Mas não adiantava nada. Ele gritava palavras horríveis para Nina, e ela estava totalmente machucada e com feridas. Ninguém tinha coragem de naquele momento telefonar para a polícia.

Sempre depois das brigas, Ericsson costumava ir para a sua garagem, ali era o seu refúgio particular. Ali, tinha um barzinho, com uma mini-geladeira e um aparelho de som, onde ele ouvia suas músicas preferidas. Ficava ali mesmo por um bom tempo, isolado, especialmente nas vezes em que um amigo vinha visitá-lo à tarde. Muitas vezes, os dois ficavam ai mesmo na garagem, conversando e bebendo por horas.

Nina nunca ia atrás dele. Acabava ali mais um casamento de Nina. Expulsa de casa, a separação do casal tornou-se inevitável.

"O NOME DELA ATRAVESSAVA FRONTEIRAS, MAS SUA MALDADE TAMBÉM. COM CHARME, ELA ABRIA PORTAS. COM MENTIRAS, TRANCAVA CORAÇÕES."

"Há caminho que ao homem parece
direito, mas o fim dele são os caminhos
da morte."

— Provérbios 16:25

CAP. 11

# NINA E OSCAR, O ADVOGADO DINAMARQUÊS

Agora, pela terceira vez abandonada, Nina se declarava oficialmente divorciada de Ericsson e tentava recomeçar uma nova vida como mulher solteira novamente. Decidida a seguir em frente, começa a retomar contato com algumas antigas amigas da "vida fácil", que já conhecia desde o tempo do Porto de Santos e que haviam migrado para a Suécia e eram figuras frequentes nas noites de Gotemburgo.

Tudo teve início num belo dia, quando uma dessas amigas, conhecida pelo codinome Creusa, passou a ligar insistentemente para conversar com Nina. Creusa já sabia dos rumores da separação de Nina, sabia que ela estava solteira, solitária e triste. Ela então convidou Nina para ficar uns tempos na Dinamarca com ela e as duas passariam a viver lá juntas como amigas.

Nina não hesitou e disse: "Vou sim!". Estava solteira novamente e sabia que, na Dinamarca, havia vários cabarés frequentados por muitos homens maduros - o tipo de ambiente onde ela podia, como sempre soubera fazer, ganhar dinheiro e garantir sua estabilidade financeira.

Decidida, Nina resolveu se mudar para a Dinamarca, mais precisamente para um local que Creusa já conhecia bem e considerava promissor para o estilo de vida que levavam: a capital, Copenhagen. Dito e feito. Nina alugou seu apartamento em segunda mão, comprou um bilhete de trem e foi embora para Dinamarca, sem olhar para trás.

Na época, eu era uma moça de 14 anos. Nina, agora contando com a ajuda de Maíra - outra mulher que também trabalhava no cabaré e conhecia bem os homens que o frequentavam -, ia recomeçar uma nova vida, ganhar e juntar dinheiro!

As duas começaram imediatamente a trabalhar juntas no cabaré, fazendo o que elas sabiam fazer muito bem: satisfazer os homens de várias maneiras - e, em troca, receber muito dinheiro, pois eles pagavam, e pagavam muito bem.

O tempo passava e elas trabalhavam sem parar. Em uma dessas noites, depois do expediente, Nina foi para um bar-restaurante que costumava frequentar. Como fazia em outras ocasiões, sentou-se sozinha em uma mesa, pediu uma taça do seu vinho rosé e o cardápio, pois ela estava com muita fome. Era um sábado em Copenhagen e Nina estava se sentindo bem, pois já tinha alcançado a sua independência econômica. No entanto, ainda havia algo que lhe faltava: um homem para casar. Mas não qualquer homem. Ela queria alguém com uma boa profissão, um bom salário, alguém à altura do estilo de vida ao qual Nina estava acostumada. Pobre, nem pensar!

Depois de jantar, Nina permaneceu sentada na mesa tranquilamente com a sua taça de vinho, somente refletindo sobre a vida em geral. Eis que repentinamente chega ao bar/restaurante um senhor que se senta próximo a ela no bar. Ele a observa e, ato contínuo, se apresenta como o senhor Oscar Knudsen, um advogado. Para Nina, parecia um milagre - era exatamente o tipo de homem que ela queria na vida, perfeito!

Nina, então, convidou o senhor Oscar para sentar-se na sua mesa e ele aceitou, pois ele também estava sozinho naquela noite. As horas se passaram e ambos ficaram conversando pela noite adentro. Antes de irem embora do restaurante, Oscar a convidou para almoçar na casa dele no dia seguinte, que seria um domingo. Disse que morava a apenas 10 minutos do restaurante. Nina, animada, aceitou o convite sem hesitar.

No dia seguinte, Nina chegou de táxi na casa de Oscar. Era uma casa muito grande, de dois andares, com um quintal espaçoso e uma varanda enorme. Nina não levou muito tempo para esquecer Ericsson e se apaixonar por Oscar.

Nina e Oscar tinham uma coisa em comum: ambos amavam vinho e gostavam de viver bem. Logo os dois começaram a namorar e não levou muito tempo para que Marina também se mudasse para viver junto com eles. A casa era grande e Nina precisava da presença de Marina para lhe fazer companhia. Naturalmente, levou Marina para trabalhar com ela no cabaré, lidando com os homens. E assim, os anos se passaram.

Certa vez, curiosa, eu perguntei:

- Ô Marina, onde é que você trabalha aqui em Copenhague? O que você faz?

Ela sorriu e respondeu:

- Eu sou bailarina.

- É mesmo, que tipo de baile? - eu perguntei, inocente.

- Faço shows - disse ela.

- E eu posso ver você no seu show algum dia? - insisti.

Ela hesitou um pouco, depois respondeu:

- Ah, sim, pode. Mas tem que voltar direto pra casa depois, combinado? - completou, com o aval de Nina.

Então, Marina me deu o endereço. Num dia qualquer, sem avisar, resolvi fazer uma surpresa. Eu tinha 14 anos e achava que veria minha prima dançando em um espetáculo de dança. Mas, ao chegar ao local, percebi que era uma rua escura, meio estranha. O endereço levava a um clube com muitas mulheres quase peladas ou que usavam pouca roupas, cílios grandes e muita maquiagem. Eu me perguntava que show seria aquele. Logo compreendi que aquele lugar era onde os homens iam para assistir apresentações sensuais e pagar pela companhia de mulheres.

Lá estava Marina. Foi nesse lugar que ela se envolveu com um homem da noite, teve um filho dele e mudou-se de casa.

Oscar e Nina também se casaram. Três anos depois, ele se aposentou, vendeu a casa na Dinamarca e resolveu, a convite de Nina, começar uma nova vida em um novo país, o Brasil. Compraram uma nova casa em São Paulo, mais precisamente no Município de Praia Grande, no bairro Samambaia. Ao comprar o imóvel, resolveu colocar, generosamente, uma parte da casa em meu nome, como filha de Nina, e uma outra parte no nome de Marina.

Eu gostava muito do senhor Oscar. Ele era uma pessoa boa, sempre gentil comigo, nunca levantou a voz comigo. Os anos se passavam, e eu percebi que Oscar não era muito feliz no Brasil. Ele gostava do clima de verão, mas sentia falta da Dinamarca, de seus dois filhos já adultos, e também sentia falta dos seus amigos, a vida não ficou tão bela quanto ele pensava que ia ser, infelizmente.

Oscar começou a se viciar na cachaça, ele bebia muito, querendo esquecer a saudade da Europa e a sua falta de família e dos amigos. Um belo dia, Nina encontrou o Oscar morto no dormitório do casal. O excesso de bebida teria lhe matado e, mais uma vez, Nina ficara viúva.

Após seu quarto casamento – com três ex-maridos já falecidos –, Nina passou a ser chamada de "Viúva Negra", ou seja, aquela mulher cujo destino parecia trazer morte a todos os maridos. Mesmo assim, ela continuava a viver a vida como sabia. Todo ano, já como aposentada, ela voltava para a Suécia para passar seis meses, somente voltando para o Brasil na época do insuportável inverno sueco.

Hoje, Nina é uma senhora solitária, marcada pelas cicatrizes da estrada da vida. Sem familiares e com poucos amigos, pois a maioria já falecera pela idade, carrega o peso das escolhas que fez. Ainda há questões mal resolvidas sobre a minha pseudo-adoção/sequestro, que um dia ainda precisarão ser esclarecidas. Eu, Suely Svenfjord, sou testemunha viva dessa história.

A casa em Praia Grande - SP O Livro Como Investigar Crimes

“NÃO FOI SÓ UM LIVRO. FOI UM CHAMADO. UMA BÚSSOLA. UM SOPRO DE ESPERANÇA EM MEIO A PÁGINAS DE DOR.”

“Clama a mim, e responder-te-ei,
e anunciar-te-ei coisas grandes e
ocultas, que não sabes.”

— Jeremias 33:3

# UM ESCRITOR/POLICIAL NO BRASIL

## CAP. 12

A história ganha um novo desdobramento 2023, quando Suely Svenfjord, aos 51 anos, vivendo na cidade de Gotemburgo, na Suécia, toma conhecimento de um intrigante livro brasileiro intitulado "*Como Investigar Crimes com Ajuda Divina*". A obra, escrita pelo investigador e Comissário de Polícia Daniel Gomes, narra toda a sua saga investigativa na solução de grandes crimes ocorridos desde os anos 90 em delegacias distritais da Baixada Fluminense no Estado do Rio de Janeiro. Ao longo da narrativa, Daniel compartilha casos complexos que solucionou com a ajuda de pequenas provas inesperadas – muitas vezes surgidas de forma quase milagrosa, como se tivessem literalmente caído do céu –, mas sempre aliadas a um incansável empenho policial e a um profundo desejo de fazer justiça terrena e dar as respostas que a sociedade tanto clama. Seu trabalho lhe rendeu reconhecimento, prêmios, inclusive em dinheiro, e o respeito da sociedade, sedenta por respostas e por justiça real.

A leitura do livro desperta imediatamente em Suely a esperança de finalmente desvendar a própria trajetória de vida. Movida por esse impulso, ela decide tentar entrar em contato com o autor e policial Daniel Gomes, no Brasil. Para isso, ela usa de suas amizades, recorrendo a seu amigo brasileiro Sidarta, morador do Rio de Janeiro, que prontamente viabiliza essa conexão. Em poucos dias, Suely e o investigador passam a se comunicar através do telefone celular via Whatsapp, dando início a uma troca intensa de informações.

Nas primeiras conversas, Suely compartilha as primeiras informações apuradas por ela própria ao longo dos anos, incluindo o relato de seu pai Bertil, ainda em vida. Antes de falecer, ele confessou tudo, dizendo que documentos foram queimados, junto com várias informações produzidas por outras pessoas ao longo dos anos, confirmando uma verdade inquietante: a de que aquela criança que chegou a Suécia aos nove meses de idade, aproximadamente, teria sido subtraída de uma mulher muito pobre no Porto de Santos.

Fotos, relatos de de locais, documentos antigos e outros indícios fortalecem a hipótese. Com base nesse material, Suely pede a Daniel para iniciar uma investigação formal. Juntos, eles decidem programar uma viagem para percorrer vários municípios do Estado de São Paulo, passando por cidades como Mogi das Cruzes, Santos, São Vicente, Praia Grande e Guarujá, locais onde foram deixados vários rastros de sua passagem como recém-nascida, criança e adolescente, convivendo com outras crianças da região. O objetivo: localizar sua verdadeira origem e, quem sabe, reencontrar sua família biológica.

“

QUANDO A VERDADE
ENCONTRA ALGUÉM
DISPOSTO A
PERSEGUI-LA,
ATÉ O SILÊNCIO
COMEÇA A FALAR.

”

"Bem-aventurados os que têm fome e sede de justiça, porque serão satisfeitos."

— Mateus 5:6

UM ESCRITOR/POLICIAL NO BRASIL

# CAP. 13

Com base nas informações recebidas, este signatário iniciou imediatamente, através de contatos com policiais paulistas, pesquisas nas cidades de Santos, São Vicente, Guarujá e no bairro de Samambaia em Praia Grande, visando apurar, com os fragmentos coletados, os fatos, o que permitiu constatar, desde as primeiras averiguações, que a saída daquela criança do Brasil, em 1973 - identificada à época com o nome de Suely Aparecida dos Santos, e que posteriormente passou a chamar-se Suely Aparecida Svenfjord -, ocorreu de forma totalmente irregular e feita de forma criminosa.

A investigação revelou que o contexto, da época era totalmente propício à prática de tais atos, diante da fragilidade dos controles e da ausência de mecanismos de fiscalização mais rigorosos, o que facilitou a execução de um crime cujas circunstâncias exigem, ainda hoje, uma apuração criminal aprofundada.

As informações coletadas inicialmente foram compartilhadas com

Suely, que, paralelamente, também realizava buscas na Suécia com o auxílio de profissionais especializados em genealogia. Através de exames de DNA, esses especialistas montaram a sua árvore genealógica, buscando achar fragmentos de sua descendência oriunda da cidade de Santos, no Brasil.

Movida pelas descobertas e pelo desejo crescente de conhecer suas origens, Suely decidiu vir ao Brasil em junho de 2024, com o objetivo de começar sua busca presencial ao lado do policial Daniel Gomes. O ponto de partida seria o Município de Mogi das Cruzes (SP), onde um homem identificado com o nome de "Manuel" apresentava traços de DNA compatíveis com uma mulher brasileira que teria trabalhado na Suécia. Essa mulher, por sua vez, tinha familiares no Brasil, nos estados de São Paulo e Alagoas, com possíveis ligações genealógicas com Suely.

Com base nesses indícios, Suely começou a planejar sua viagem, que tinha como propósito não apenas a coleta de material genético, mas também a visita a locais por onde suas informações indicavam que ela havia passado ao longo dos anos. Parte dessas lembranças incluía viagens feitas ainda na infância ao Brasil, com destaque para o Porto de Santos e a casa localizada no bairro de Samambaia, em Praia Grande – onde Nina passava os verões brasileiros, fugindo do inverno gelado sueco. Ali, ela centralizava todas as suas atividades no Brasil.

Era naquela casa que Suely vivenciava o que parecia ser uma infância comum, em contato com outras crianças da vizinhança, que desconheciam por completo sua verdadeira história. Durante todo esse período, Nina exerceu o papel de uma falsa maternidade, omitindo deliberadamente as origens e o passado de Suely, bem como qualquer possibilidade dela conhecer seu verdadeiro futuro.

A CASA DE SAMAMBAIA AONDE SUELY PASSOU PARTE DA INFÂNCIA

“UM CASO ANTIGO, UM MENINO ESQUECIDO. MAS A MEMÓRIA DE UMA VÍTIMA NÃO CADUCA NO CORAÇÃO DA JUSTIÇA.”

"O Senhor é um Deus de justiça. Bem-aventurados todos os que nele esperam."

— Isaías 30:18

# O CASO CARLOS RAMIRES

## CAP. 14

Neste ponto, abre-se um parêntese na narrativa para abordar um caso emblemático do Brasil: o sequestro de Carlos Ramires. O menino, desaparecido em 2 de agosto de 1973, aos 10 anos de idade, foi alvo de novas revelações em 2024, quando Maria da Conceição Ramires da Costa, sua mãe, então com 86 anos, afirmou que o crime teria sido tramado por seu ex-marido, João Mello da Costa, um industrial que enfrentava dificuldades financeiras.

Na época, a criança teria sido levada numa noite chuvosa de quinta-feira, às 20h35min, durante a exibição televisiva da novela "Cavalo de Aço". Um apagão atingiu a casa na rua Alice, nº 1606, na zona sul do Rio de Janeiro, momento em que um homem negro, armado, invadiu o local e fugiu de carro, levando o menino. Antes de partir, deixou um bilhete com pedido de resgate no valor de Cr$ 100 mil cruzeiros. O caso veio à tona através de uma reportagem veiculada em 4 de abril de 2024 pela jornalista Vera Araujo, do Jornal Extra/Globo em https://www.instagram.com/jornaloglobo/reel/C5d7N9HgsBm/, relatando ao público um fato até então pouco conhecido: a mãe do menino desaparecido, "conhecido como Carlinhos" - sequestrado entre seus cinco irmãos, enquanto o pai, João Mello, estava na rua de carro com os dois filhos menores -, resolveu, décadas depois, quebrar o silêncio. Ela, Maria da Conceição, passou a conceder declarações públicas à imprensa, acusando o ex-marido, o industrial João Mello da Costa, recentemente falecido aos 99 anos, de ter sido o autor intelectual do sequestro.

Segundo a mesma, ele havia simulado o crime com o objetivo de obter empréstimos bancários e comover a opinião pública. Na época, o valor exigido no bilhete de resgate era de Cr$100 mil cruzeiros - quantia que, segundo ela, jamais foi paga, embora o marido tenha conseguido levantar recursos por meio de empréstimo e doações espontâneas de pessoas sensibilizadas com o caso. Esses valores teriam sido desviados para tentar salvar sua empresa à beira da falência: a Indústria Farmacêutica Unilabor, localizada no Município de Duque de Caxias, que no momento atravessava situação financeira difícil. Pouco tempo depois, ele abandonaria a esposa com os seis filhos restantes.

As investigações tiveram várias vertentes e direções, até com prisões e condenações de vários suspeitos que acabaram sendo inocentados por falta de provas e por decisões de dois tribunais superiores, não resultando em nenhuma resposta até os dias de hoje.

O GLOBO

NASA PREPARA MISSÃO DE RESGATE NO ESPAÇO

• Perda de combustível impede volta da Apolo

Perón promete liquidar terror

Seqüestrado garoto de 10 anos na Rua Alice

QUANDO FALTAM PISTAS, DEUS DEIXA MIGALHAS DE MILAGRE NO CAMINHO DE QUEM BUSCA A VERDADE.

"Porque para Deus não haverá impossíveis
em todas as suas promessas."

— Lucas 1:37

MILAGRES DA INVESTIGAÇÃO

# CAP. 15

Diante da repercussão bombástica do caso na mídia, lembrou-se este signatário de um episódio ocorrido durante sua primeira lotação como Detetive de Polícia na 59ª Delegacia Policial de Duque de Caxias. Num determinado dia do ano de 1990, recebeu determinação do Delegado Titular para que com base numa denúncia anônima verificasse que, naquela mesma tarde, uma criança seria entregue a um casal de suecos, supostamente em uma transação ilegal, no interior do tradicional restaurante "Kukas", localizado no centro daquele município, na Avenida Brigadeiro Lima e Silva, bairro 25 de agosto.

Imediatamente, este declarante, em companhia de outro policial, rumou para o citado restaurante, onde ficaram sentados numa mesa mantendo vigilância da clientela que adentrava àquele comércio na parte da tarde daquele dia. Por volta das 15 horas, aproximadamente, chegou ao local um casal loiro, que se comunicava em inglês e que sentou-se numa das mesas, passando a aguardar, claramente à espera de alguém ou de algum acontecimento.

De imediato, este sindicante sentou-se próximo a mesa de ambos e passou a observar e ouvir suas conversações. Momentos depois, chegou ao local um homem moreno, alto, que portava uma pasta de plástico transparente e que demonstrava conter alguns documentos. Ele passou a conversar com o citado casal, falando sempre sobre valores em dólares, documentação e detalhes sobre a viagem de uma criança.

Considerando o tempo decorrido, o teor da conversa - que coincidia com o tema da denúncia -, a presença do casal de estrangeiros no local, o fato da conversa envolver uma criança que não chegara até aquele momento, a existência da pasta transparente que parecia conter documentos e da não finalização da citada negociação, resolveram o sindicante e o companheiro abordar os três envolvidos. Comunicaram-lhes sobre a denúncia recebida e a necessidade de que todos comparecessem à sede da 59ª Delegacia de Policial de Duque de Caxias, que se localizava, na época, a cerca de 500 metros do restaurante, onde a autoridade policial já os aguardava naquele momento.

No momento da abordagem, surgiu na conversa um quarto homem, senhor idoso, baixo, usando barba branca, que se identificou como advogado e político militante influente do Município de Duque de Caxias. Ele questionou a condução dos abordados, afirmando que somente sairiam dali sob ordem judicial. Nesse instante, o homem alto e moreno jogou a pasta de documentos sobre o balcão do bar, pedindo a um garçom que a guardasse. Este declarante, no entanto, conseguiu alcançar a citada pasta e, ao abri-la, verificou que continha diversos documentos, entre eles uma certidão de nascimento de uma criança recém-nascida de nome "ALAPUAN", emitida à época pelo Cartório do Município de Duque de Caxias.

Diante da gravidade da denúncia e dos documentos arrecadados, todos foram conduzidos à sede da Delegacia Distrital e apresentados ao Delegado de Polícia, que imediatamente assumiu a condução da ocorrência, com os fatos que foram registrados à época.

O pai João Mello, após o sequestro, com seus 5 filhos

## Por que o pai de Carlinhos foi suspeito pelo sequestro do filho?

Em crime que comoveu o Rio, há 50 anos, bandido invadiu residência da família e exigiu "a criança menor que estiver na casa"; menino jamais foi visto de novo

02/08/2023 13h02 · Atualizado há um ano

Carlinhos em imagem registrada pouco antes do sequestro, em 1973 — Foto: Arquivo pessoal

"A VERDADE É FORTE, MAS PRECISA VENCER OS MUROS DO INTERESSE POLÍTICO PARA ALCANÇAR JUSTIÇA."

"Não torcerás o juízo, não farás acepção de pessoas, nem tomarás suborno."

— Deuteronômio 16:19

# POLÍCIA X POLÍTICA

## CAP. 16

Dias depois, recordo-me que, ainda em diligências que foram realizadas no sentido de localizar a criança mencionada, encontramos uma menina loirinha e oriunda de uma família muito pobre residente na favela da Cidade de Deus, no bairro de Jacarepaguá. O local abrigava diversas crianças em situação de vulnerabilidade, com escassez de alimentação básica, tendo este policial à época providenciado pão, leite e café para saciar a fome daquelas pessoas humildes.

Durante a apuração, constatou-se também que a certidão de nascimento apresentada era falsa, uma vez que a criança já havia sido registrada anteriormente com outro nome. Verificou-se ainda que um dos envolvidos na tentativa de comercialização ilegal da menor mantinha laços familiares com o industrial João Mello, figura de grande influência política na cidade de Duque de Caxias.

Com a forte interferência de agentes políticos da época, todos os fatos acabaram abafados e isolados, como se não tivessem qualquer relação com o conhecido caso "Carlinhos", cujo desaparecimento já completava aproximadamente 18 anos.

Meses depois, o declarante foi transferido para outras Delegacias, perdendo o acompanhamento direto dos desdobramentos do caso. Apenas anos mais tarde, em 04 de abril de 2024, ao tomar conhecimento da reportagem publicada no jornal Extra/O Globo, que trouxe à tona declarações bombásticas da ex-mulher de João Mello da Costa, é que voltou a se deparar com os elementos daquele episódio. Alegando temor, a ex-companheira afirmou que somente se sentiu segura para fazer tais acusações após o falecimento do ex-marido.

Diante dessas novas informações, este investigador passou imediatamente a efetuar levantamentos relativos a época dos fatos, tentando verificar, através do sistema de microfilme policial, o registro de ocorrência do fato e confirmar a identificação do Delegado Titular então responsável na época pela 59ª DP - Duque de Caxias. Confirmou-se que o Delegado Titular identificado atuou no período entre os dias 05/12/1988 e 15/03/1990, sendo transferido através do Boletim Interno 049/90. Na mesma ocasião, este investigador também foi transferido, passando a integrar a equipe da 33ª Delegacia Policial Realengo, o que resultou na perda total de contato com informações e com o andamento dos fatos relacionados ao caso.

Ainda com base nesses primeiros fatos apurados, este informante dirigiu-se ao Cartório de Registro Civil de Pessoas Naturais do Município de Duque de Caxias, a fim de apurar registros referentes ao nome "ALAPUAN". No entanto, foi informado de que, devido à reestruturação cartorial ao longo dos anos, os registros daquela encontram-se arquivados de forma manual e não estão disponíveis nos sistemas informatizados atuais. Assim a busca exigiria a data exatado registro para possível localização nos aquivos físicos, o que, naquele momento, impossibilitou a confirmação imediata dos dados.

Em continuidade às diligências, dirigi-me ao Setor de Microfilmagem e Documentos policiais (CIDPOL), onde, ao relatar os fatos, fui prontamente atendido pelos policiais ali lotados, que se colocaram imediatamente à disposição par acolaborar nas buscas. Iniciando pesquisas em registros de ocorrências arquivados do ano de 1990, no período entre janeiro e 15 de março daquele ano, nada foi encontrado sobre os fatos investigados.

Verificou-, ainda, que os documentos referentes ao ano de 1989 e períodos anteriores encontram-se apenas em rolos de microfilme, alguns já deteriorados pelo tempo. Esse materiais necessitam de tratamento técnico especializado, que, ao longo dos anos, vinha sendo realizado pela empresa Tecno Service. No entanto, tais serviços encontram-se atualmente interrompidos por falta de pagamento de contratos efetuados no passado.

Diante das dificuldades surgidas, este investigador, diante da importância das informações a serem colhidas e que poderiam auxiliar uma investigação que se arrastava há 50 anos, resolveu efetuar contato direto com o proprietário da Tecno Service. O referido responsável demonstrou disposição em colaborar com os esforços investigativos, oferecendo-se para realizar, de forma particular, a recuperação e digitalização dos microfilmes antigos, mediante pagamento dos custos operacionais, conforme nota fiscal abaixo.

O objetivo principal é localizar registros que possam conter dados qualificativos sobre o casal sueco e os demais envolvidos na citada ocorrência, fatos vivenciados pessoalmente por este investigador durante sua atuação, há aproximadamente 30 anos, na 59ª Delegacia de Polícia de Duque de Caxias. Tais documentos podem representar um avanço significativo na elucidação do caso, conforme as observações relatadas abaixo:

1) - O Sequestro de Carlos Ramires da Costa, "O Carlinhos", ocorrido no dia 02 de agosto de 1973, segundo a mãe do mesmo, teria auxiliado

financeiramente o industrial João Mello da Costa, que atravessava situação financeira difícil em sua empresa, Indústria Farmacêutica Unilabor, localizada no Município de Duque de Caxias;

2) - O casal João Mello da Costa e Maria da Conceição Ramires da Costa tinham 7 filhos à época do sequestro e estavam em crise, enfrentando uma fase de separação, o que realmente ocorreu logo após o acontecido;

3) - Que a criança, por ser loira, de pele clara e olhos claros, despertava grande interesse por parte de casais estrangeiros, principalmente em razão de suas características físicas. À época dos fatos a fiscalização documental no Município de Duque de Caxias apresentava inúmeras fragilidades, favorecidas pelo contexto institucional então vigente, o que facilitava a prática de irregularidades desse tipo.;

4) - A informação de que um dos envolvidos possuía vínculo de parentesco com o industrial João Mello da Costa, que atravessava situação financeira difícil em sua empresa, a Indústria Farmacêutica Unilabor, localizada no Município de Duque de Caxias;

5) - Que acredita esse escritor que todos os fatos aqui relatados somam vários ingredientes que podem ainda movimentar a sociedade mundial.

Durante esse período surgiram onze candidatos, no Brasil, que se intitularam como sendo "Carlos Ramires"; porém, através de exames de DNA, nenhum deles foi positivado. Posteriormente, com auxílio de profissionais especializados em projeção facial, que voluntariamente se colocaram à disposição para colaborar com a sociedade, a Polícia e a Justiça, foram criadas imagens de como "Carlinhos" poderia se parecer atualmente, na tentativa de auxiliar nas buscas.

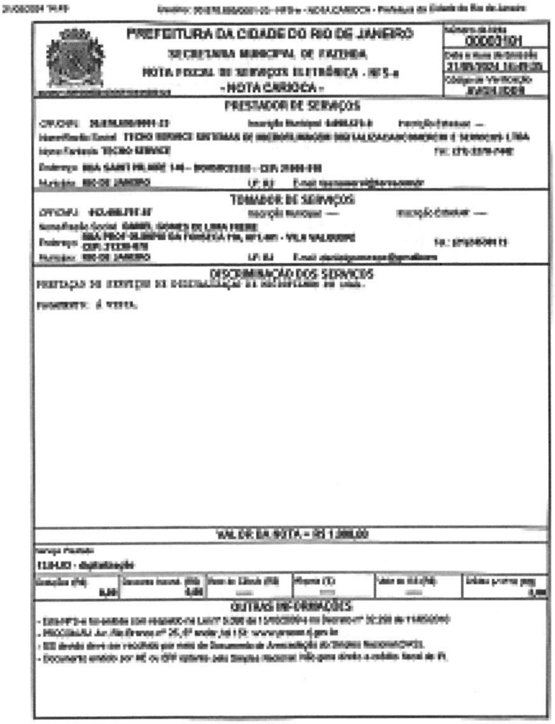

PREFEITURA DA CIDADE DO RIO DE JANEIRO

- NOTA CARIOCA -

PRESTADOR DE SERVIÇOS

TOMADOR DE SERVIÇOS

DISCRIMINAÇÃO DOS SERVIÇOS

OUTRAS INFORMAÇÕES

Projeção da criança Carlinhos (na época, com 10 anos) para um futuro possível, 30 anos à frente (agora, com 40 anos).

Alguns traços foram baseados nas linhas faciais históricas do pai e da mãe.O processo de transformação facial de Carlinhos progrediu até, aproximadamente, seus 10 anos. Segundo os professores Vanrell e Campos ([illegible]) , a Antropometria baseia-se na tomada de medidas, ângulos e projeções das diferentes partes do corpo ou dos seus característicos mensuráveis. A identificação Antropométrica estuda a Craneometria, isto é, à realização e exame das medições e relações antropométricas das diversas partes do crânio, visando estabelecer identidade quanto à constituição, ao sexo, à raça e à idade do indivíduo

O objetivo deste ensaio é oferecer um Carlinhos projetado, próximo da sua hipotética atual aparência.

Alguns modismos faciais, tais como barba, bigode e tamanho do cabelo não podem ser exatamente previstos.

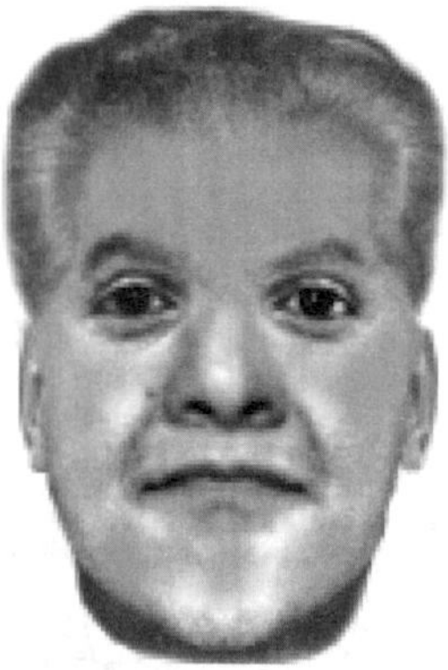

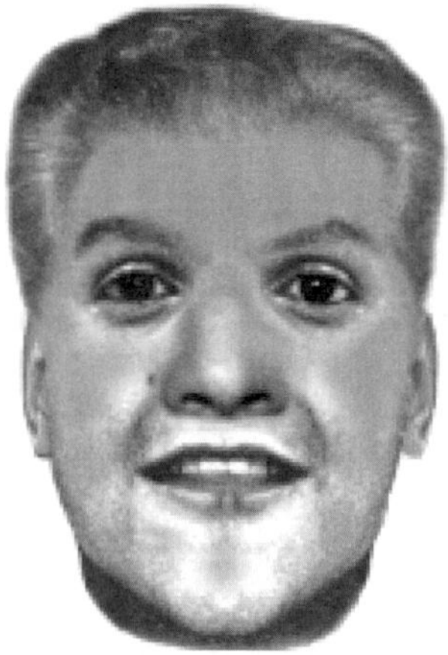

Perspectiva

Mãe - reprodução

Pai - reprodução

“

VOLTAR AO PAÍS
NÃO FOI SÓ
ATRAVESSAR UM
OCEANO. FOI
CRUZAR DÉCADAS EM
BUSCA DE QUEM
EU SOU.

”

“Tornai-vos para mim, diz o Senhor dos Exércitos, e eu me tornarei para vós outros.”

— Zacarias 1:3

# A VIAGEM DE VOLTA AO BRASIL

## CAP. 17

No dia 29 de junho de 2024, Suely Svenfjord desembarca no Aeroporto Internacional Tom Jobim (Galeão), no Rio de Janeiro, sendo recebida pelo Comissário de Polícia Daniel Gomes, que a conduz a um apartamento reservado pela mesma no bairro de Copacabana, momento em que pela primeira vez conversam pessoalmente sobre todos os fatos.

Iniciam então as ações de busca por suas origens, começando pela Cidade da Polícia do Rio de Janeiro, mais precisamente na Delegacia de Descoberta de Paradeiros (DDPA). Lá, no dia 2 de julho de 2024, Suely Svenfjord inicia um registro de ocorrência sob o nº 957-00696/2024, relatando suas origens contraditórias. Em seguida, a Autoridade Policial emite um documento formal de encaminhamento ao Instituto de Pesquisa e Perícia Genética Forense (IPPGF), responsável pela coleta de material biológico a ser inserido no Banco Nacional de DNA de Pessoas Desaparecidas. Esse banco permite o cruzamento genético, com amostras colhidas em todo o Brasil, ali armazenadas por familiares que buscam seus entes desaparecidos.

Dando continuidade às diligências e com base nas informações policiais e documentais obtidas, solicitei 10 dias de férias. A bordo de um carro alugado pelo amigo brasileiro de Suely, rumamos no dia 12 de julho de 2024, inicialmente para o Município de Mogi das Cruzes, no Estado de São Paulo. Acompanhei Suely Svenfjord, seu filho e seu companheiro, chegando naquela noite, por volta das 20h14, ao Shopping Mogi das Cruzes – SP. Lá, na praça de alimentação, fomos recebidos por "Manuel", com quem Suely já mantinha frequente contato via WhatsApp. De forma amistosa, ele prontamente concordou em fornecer seu material genético, utilizando um kit apropriado para coleta e armazenamento. Foi colhida sua saliva para um futuro exame de DNA, considerando-se a possibilidade de parentesco:  Manuel tem um irmão chamado José, que foi marinheiro, e, segundo relatos, ambos frequentavam as casas de prostituição na época do Porto de Santos, sendo que José, que teria sido marinheiro, estaria atualmente residindo em Alagoas.

Logo após cumprirmos essa etapa, dirigimo-nos ao Hotel IBIS daquela cidade, onde dormimos. Na manhã seguinte, dia 13 de julho de 2024, rumamos às 10 horas da manhã para a cidade de São Vicente - Santos, onde ficamos hospedados no Hotel Pousada Frente Mar, localizado na Avenida Manoel da Nobrega, no bairro Mauá. Durante nossa estadia, mantivemos contato com uma equipe de reportagem da TV Record e com o Delegado de Polícia local, Dr. Alexandre Malantruco, que, diante dos fatos já apurados e devidamente documentados, prontamente se dispôs a nos auxiliar. Ele se comprometeu a representar uma Medida Cautelar com o objetivo de buscar indícios de autoria e materialidade relacionados a fatos relevantes para a descoberta das origens de Suely.

“O MESMO LUGAR ONDE CRIARAM A MENTIRA, AGORA ENCARAVA A MULHER QUE SOBREVIVEU A ELA.”

E conhecereis a verdade, e a verdade vos libertará.”

— João 8:32

# A VISITA DE SUELY AO CARTÓRIO DE GUARUJÁ

## CAP. 18

No outro dia pela manhã, em companhia de Suely Svenfjord e agora também assessorados por uma equipe de filmagem da TV Record – que se interessou em fazer uma reportagem documental sobre a veracidade e gravidade dos fatos da história, deslocamo-nos até a rua Aristides Rodrigues de Castro, nº 273, no bairro Paecará, no Município de Guarujá. Nosso destino era o Cartório de Registro Civil de Pessoas Naturais e Tabelionato de Notas daquela cidade, onde fomos recepcionados pelo Tabelião Chefe, que, diante dos fatos apresentados e dos questionamentos feitos, colocou à nossa frente o livro A nº 032, datado da época. Nele, na folha 168v, constava a lavratura do registro de nascimento de número de ordem 26.269 registrado com todos os dados constantes que confirmavam toda a história já relatada em documentos anteriores. Essa versão dos fatos foi posteriormente ratificada por Nina e por duas testemunhas presenciais, que, na época, atestaram ser verdade que a criança havia nascido nove meses antes em um prédio existente no endereço citado, de número 38, composto por 10 apartamentos aleatórios, sem identificação precisa da unidade onde ocorreu o nascimento.

“

A CASA QUE
PARECIA ABRIGO,
ERA NA VERDADE
O PALCO DE UMA
PRISÃO EMOCIONAL
SEM GRADES.

”

“O Senhor é refúgio para os oprimidos, uma torre segura na hora da adversidade.”

— Salmos 9:9

# A CASA EM SAMAMBAIA-PRAIA GRANDE

## CAP. 19

Logo depois, rumamos em direção ao município de Praia Grande, mais precisamente à rua dos Salgueiros, nº 241, no bairro de Samambaia. Era ali que Nina - que também se apresentou com o nome de Johana e se diz mãe de Suely - costumava passar o verão no Brasil, fugindo do rigoroso inverno na Suécia, onde as temperaturas chegam a cair abaixo de 10 graus negativos.

Chegamos lá às 13h18, onde pudemos conversar com alguns vizinhos que se aproximaram e ver a casa, que está semiabandonada, e que tem os documentos de propriedade registrados em nome de Suely Svenfjord, conforme determinação em vida do quarto e último ex-marido de Nina, o advogado Oscar Knudsen.

Os vizinhos começaram a se aproximar de Suely e automaticamente começaram a falar sobre a personalidade de Nina. Eles falaram que sempre ajudaram Nina a limpar a casa, molhando as plantas e coletando cartas que chegavam, mas Nina, sempre reclamando, tratava os vizinhos como se fossem seus próprios empregados, prometendo pagamentos. Às vezes aumentava a voz e era bem estúpida com eles, sempre usando de arrogância. Cansados dos maus tratos, os vizinhos deixaram de ajudá-la e a casa acabou ficando abandonada. Antigamente, alguns deles até tinham uma cópia da chave do imóvel, para ajudar na limpeza, mas Nina passou a deixar as chaves com um taxista que geralmente a buscava no aeroporto e era o único autorizado a entrar na casa.

Uma das vizinhas falou que Nina costumava mostrar álbuns de fotos que ela trazia da Europa, com fotos minhas ainda como criança e como adolescente. Uma vizinha contou também que Nina falava da filha Suely e de outra mulher mais velha, de cabelos cacheados. Quando a vizinha perguntou quem seria aquela outra mulher, Nina teria falado que seria sua outra filha mais velha. Foi então que eu esclareci que se tratava de Marisa – uma das mulheres que Nina levou do Brasil para servir de garota de programa e trabalhar nos bordéis na Europa. Atualmente, Marisa mora na Dinamarca.

“UM NÚMERO, UMA RUA, UM PAPEL — CONSTRUÍRAM UMA MENTIRA PARA ESCONDER UMA VIDA.”

O justo odeia a palavra de mentira, mas o ímpio se faz odioso e se cobre de vergonha."

— Provérbios 13:5

# O FALSO ENDEREÇO DE NASCIMENTO

## CAP. 20

Dando continuidade às diligências, rumamos para a rua Oswaldo Cruz, nº 38, no bairro do Boqueirão, na cidade de Santos. No local, localizava-se um prédio com três andares e com um total de 10 apartamentos. Em contato com moradores antigos, alguns residentes há mais de cinquenta anos, foi apurado que nenhum deles jamais ouviu falar de Nina, Johana e nem das duas testemunhas citadas na certidão de nascimento: Ana Diva Araújo e Maria Auxiliadora Nunes dos Santos. Buscamos informações sobre essas mulheres na vizinhança, mas nunca foram vistas e nem eram conhecidas de qualquer morador.

Ainda no curso da verificação no local, percorremos toda a extensão da rua Oswaldo Cruz, que é bem longa. Constatamos a existência do hospital Guilherme Álvaro de Santos, situado no número 197 da mesma via, com funcionamento ativo na área de maternidade. Imediatamente foi efetuado contato com a direção daquele nosocômio, que se colocou à disposição para, através de pedido formal, apurar os nascimentos ocorridos na data fatídica de 19 de fevereiro de 1973, possivelmente no horário de 22h46 minutos ou em data anterior a data de 02 de outubro de 1973, quando a suposta certidão de nascimento foi lavrada sob argumento de registro tardio, tudo sob o testemunho de duas mulheres que na época não necessitavam de nenhuma identificação documental.

Dias depois, para nossa grande surpresa, a direção do Hospital Guilherme Álvaro de Santos encaminhou resposta formal, informando que:

*"Investigamos em nossos dados e nosso serviço de ginecologia foi aberto em agosto de 1973. Em nossos registros atuais não constam os referidos nomes apresentados no corpo do e-mail. Informamos também que nosso arquivo médico sofreu um incêndio de grande proporção em novembro de 2008 (boletim de ocorrência em anexo), impossibilitando a recuperação de prontuários antigos".*

Diante da resposta oficial encaminhada pela direção daquele nosocómio, a possibilidade de obter qualquer subsídio relevante para os fatos foi totalmente descartada naquele endereço, mantendo-se, assim, a continuidade das investigações com base em novas apurações em curso.

# O FALSO ENDEREÇO DE NASCIMENTO

**SECRETARIA DE ESTADO DA SEGURANÇA PÚBLICA**
**POLÍCIA CIVIL DO ESTADO DE SÃO PAULO**

Dependência: DEL.INV.GER. SANTOS
Boletim No.: 230/2008

Folha :
Emitido em: 05/11/2008 11:2
JOLONPCBCLEEFI[

Boletim de Ocorrência de Autoria Desconhecida.

Natureza(s):
Espécie: Título VIII - Incolumidade pública (arts. 250 a 285)
Natureza: Incêndio (art. 250, caput)
Consumado

Local: R DR OSWALDO CRUZ, 197 - BOQUEIRÃO - SANTOS - SP
Tipo de local: Saúde - Hospital-Outros
Circunscrição: 07 D.P. SANTOS

Ocorrência: 05/11/2008 às 00:05 horas
Comunicação: 05/11/2008 às 10:45 horas
Elaboração: 05/11/2008 às 10:48 horas
Flagrante: Não

Empresa / Vítima:
- GUILHERME ÁLVARO - Razão social: SECRETARIA DE ESTADO DA SAÚDE - HOSPITAL
Endereço: R. OSWALDO CRUZ, 197 - BOQUEIRÃO - SANTOS - SP

Representante:
- LANA CRISTINA ALMEIDA DE PAULA - Presente ao plantão - RG: 14122450-SP
emitido em 13/09/1991 - Exibiu o RG original: Sim - Pai: SYLVIO DE ALMEIDA
Mãe: NANCI MARCONDES DE ALMEIDA - Natural de: SANTOS -SP
Nacionalidade: BRASILEIRA - Sexo: Feminino - Nascimento: 12/11/1965
42 anos - Estado civil: Casado - Profissão: FUNCION.PUBLICO ESTADUAL
Instrução: Superior completo - CPF: 06648321806
Advogado Presente no Plantão: Não - Cutis: Outros
Endereço Comercial: R. OSWALDO CRUZ, 197 - BOQUEIRÃO - SANTOS - SP
Empresa: HOSPITAL GUILHERME ÁLVARO
Endereço Residencial: AV. PEDRO LESSA, 2951 - EMBARÉ - SANTOS - SP
Telefones: (13)3202-1336 (Comercial), (13)3271-8013 (Residencial), (13)
9702-9651 (Residencial)
Consultado em: -Civil

Objetos - (DANIFICADO)
- Tipo: Documentos - Subtipo: Livro-Documentos
Marca: (CERCA DE 379.000 PRONTUÁRIOS DE PACIENTES)
Observações:
DIVERSOS PRONTUÁRIOS, DOCUMENTOS, LIVROS E REGISTROS DE PACIENTES

DEL.INV.GER. SANTOS
Endereço da delegacia: AV SAO FRANCISCO, 136 - 5º ANDAR, CENTRO-SANTOS-SP CEP: 11013-200
Telefone: (13)3222-0063


**SECRETARIA DE ESTADO DA SEGURANÇA PÚBLICA**
**POLÍCIA CIVIL DO ESTADO DE SÃO PAULO**

Dependência: DEL.INV.GER. SANTOS
Boletim No.: 230/2008

Folha :
Emitido em: 05/11/2008 11:2
JOLONPCBCLEEFI[

Boletim de Ocorrência de Autoria Desconhecida.

Natureza(s):
Espécie: Título VIII - Incolumidade pública (arts. 250 a 285)
Natureza: Incêndio (art. 250, caput)
Consumado

Local: R DR OSWALDO CRUZ, 197 - BOQUEIRÃO - SANTOS - SP
Tipo de local: Saúde - Hospital-Outros
Circunscrição: 07 D.P. SANTOS

Ocorrência: 05/11/2008 às 00:05 horas
Comunicação: 05/11/2008 às 10:45 horas
Elaboração: 05/11/2008 às 10:48 horas
Flagrante: Não

Empresa / Vítima:
- GUILHERME ÁLVARO - Razão social: SECRETARIA DE ESTADO DA SAÚDE - HOSPITAL
Endereço: R. OSWALDO CRUZ, 197 - BOQUEIRÃO - SANTOS - SP

Representante:
- LANA CRISTINA ALMEIDA DE PAULA - Presente ao plantão - RG: 14122450-SP
emitido em 13/09/1991 - Exibiu o RG original: Sim - Pai: SYLVIO DE ALMEIDA
Mãe: NANCI MARCONDES DE ALMEIDA - Natural de: SANTOS -SP
Nacionalidade: BRASILEIRA - Sexo: Feminino - Nascimento: 12/11/1965
42 anos - Estado civil: Casado - Profissão: FUNCION.PUBLICO ESTADUAL
Instrução: Superior completo - CPF: 06648321806
Advogado Presente no Plantão: Não - Cutis: Outros
Endereço Comercial: R. OSWALDO CRUZ, 197 - BOQUEIRÃO - SANTOS - SP
Empresa: HOSPITAL GUILHERME ÁLVARO
Endereço Residencial: AV. PEDRO LESSA, 2951 - EMBARÉ - SANTOS - SP
Telefones: (13)3202-1336 (Comercial), (13)3271-8013 (Residencial), (13)
9702-9651 (Residencial)
Consultado em: -Civil

Objetos - (DANIFICADO)
- Tipo: Documentos - Subtipo: Livro-Documentos
Marca: (CERCA DE 379.000 PRONTUÁRIOS DE PACIENTES)
Observações:
DIVERSOS PRONTUÁRIOS, DOCUMENTOS, LIVROS E REGISTROS DE PACIENTES

DEL.INV.GER. SANTOS
Endereço da delegacia: AV SAO FRANCISCO, 136 - 5º ANDAR, CENTRO-SANTOS-SP CEP: 11013-200
Telefone: (13)3222-0063

“ALI ONDE NASCI,
NUNCA FUI VISTA.
APENAS NEGOCIADA.
NÃO COMO SER
HUMANO, MAS COMO
MOEDA.”

"Não oprimas o estrangeiro, nem o aflito,
nem a viúva, nem o órfão."

— Zacarias 7:10

# A INVESTIGAÇÃO NA ZONA DE PROSTITUIÇÃO

## CAP. 21

Por fim, dirigimo-nos à zona de prostituição do Porto de Santos, onde percorremos vários locais do centro histórico da cidade, entre eles a Rua Brás Cubas, a Praça Patriarca José Bonifácio e a rua João Pessoa, na altura da avenida Senador Feijó. Essa área constitui o núcleo da prostituição local, tendo ainda um quarteirão que se estende da rua Xavier Silveira à Avenida Rangel Pestana, passando pela praça Rui Barbosa até as imediações do cemitério de Paquetá.

Do meio-dia até à meia-noite, em qualquer hora, prostitutas se expõem produzidas e vestidas a caráter na calçada, de frente para a porta que conduz ao quarto onde vendem sexo barato.

"O comércio de sexo adolescente já foi mais intenso no local", como pontua a coordenadora de Proteção Social de Média Complexidade da Secretaria Municipal de Assistência Social. Em 1994, a cidade registrava 150 casos simultâneos; hoje, são 22. «O combate a esse fenômeno não é fácil. Exige trabalho lento e muita dedicação», afirma ela.

Ela atribui a redução dos casos a uma série de ações integradas, como a criação do Estatuto da Criança e do Adolescente (ECA), em 13 de julho de 1990, a formação de uma rede de proteção social, a integração das políticas públicas governamentais, a ampliação da escola integral, a implementação do Programa Saúde da Família, o fortalecimento das ONGs atuantes na área e os programas de transferência de renda do governo federal.

Nesse percurso, tentamos encontrar a mulher que comandou durante muitos anos as prostitutas daquele local, tratada por Baiana, que também usava o nome de guerra de "Letícia" e que teria tido grande influência na vida de Nina, ou Johana. Porém, em conversa com algumas meninas de programa que ainda persistem naquela área, recebemos informação da morte de "Letícia" por velhice. Tentamos contato com familiares da Baiana, através de seus filhos, que a princípio se negaram a tecer comentários sobre a época dos fatos, pois tudo ficara no passado.

“A JUSTIÇA COMEÇA COM CORAGEM. A PROTEÇÃO, COM UM SIMPLES PROTOCOLO QUE PODE SALVAR UMA VIDA.”

“Livra os que estão sendo levados para a morte e salva os que cambaleiam indo para a matança.”

— Provérbios 24:11

# O PEDIDO DE MEDIDAS CAUTELARES

## CAP. 22

Com base em toda a apuração realizada - respaldada por informações, documentos e fotografias -, os fatos foram formalmente encaminhados à Secretaria de Segurança Pública do Estado de São Paulo, através da Autoridade Policial da Delegacia da Infância e Juventude de Santos. A investigação encontrou elementos de convicção consistente desde o início dos fatos ocorridos no ano de 1973 até a presente data, conforme registrado através do boletim de ocorrência nº KK4115-1/2024 - 1ª Edição, iniciado em 31/07/2024, sendo gerado o Termo de Representação com pedido de Medida Cautelar de "Busca e Apreensão Domiciliar" na rua dos Salgueiros, nº 241, no bairro de Samambaia, na casa que a suposta mãe de Suely, Nina, que também usa o nome de Johana, utiliza para passar o verão no Brasil.

O pedido foi protocolado junto ao Fórum do Município de Praia Grande e encaminhado ao Ministério Público, que, em 01/08/2024, no âmbito do processo nº 1502702-29.2024.8.26.0477, manifestou-se favoravelmente à medida, ratificando integralmente a representação policial.

Entretanto, em decisão proferida em 02/08/2024, o Meritíssimo Juízo indeferiu o pedido, sob o fundamento de que, em virtude da transnacionalidade da conduta, afigura-se manifesta a incompetência da Justiça Estadual para o processamento da ação penal, nos termos do artigo 109, inciso V, da Constituição Federal. Diante disso, os autos foram encaminhados ao Juízo Federal competente, na Comarca de Santos, para análise e eventuais providências.

Diante da resposta do Judiciário Estadual e do consequente encaminhamento do procedimento à Justiça Federal – processo nº1502702-29.2024.8.26.0477 –, que poderia viabilizar a realização de busca no imóvel situado na rua dos Salgueiros, que se encontra ainda fechado e semiabandonado, com o objetivo de localizar eventuais elementos de prova relacionados à infância de Suely Svenfjord, optamos, nesse ínterim, por lançar esta obra literária. Acreditamos que ela poderá não apenas dar visibilidade à complexidade dos fatos, mas também contribuir para sensibilizar as autoridades e estimular a continuidade das investigações em busca de respostas concretas aos fatos.

SECRETARIA DE ESTADO DA SEGURANÇA PÚBLICA
POLÍCIA CIVIL DO ESTADO DE SÃO PAULO

**Dependência:** DEL.INF.JUV. SANTOS
**Boletim Nº:** KK4115-1/2024 - 1ª Edição **Iniciado:** 31/07/2024 20:44 **e Emitido:** 31/07/2024 às 20:53

para futura busca e apreensão de documentos.
Em Relatório Circunstanciado o referido policial narra a diligência.
Boletim para instruir representação de busca e apreensão.
Nada mais.

**Solução:** Bo para registro

Confere(m), assina(m) e recebe(m) uma via

Suely Aparecida Dos Santos

BO digitado por Orlando Bonaio Junior,
Equipe chefiada por Alexandre Peres Malantrucco,

Documento assinado digitalmente nos termos da lei 11.419/2006

DEL.INF.JUV. SANTOS

Folha: 2

SECRETARIA DE ESTADO DA SEGURANÇA PÚBLICA
POLÍCIA CIVIL DO ESTADO DE SÃO PAULO

**Dependência:** DEL.INF.JUV. SANTOS
**Boletim Nº:** KK4115-1/2024 - 1ª Edição **Iniciado:** 31/07/2024 20:44 **e Emitido:** 31/07/2024 às 20:53

**Boletim de Ocorrência de Autoria Desconhecida**

**Naturezas da Ocorrência**

**Crime Consumado**
Não Criminal - Outros não criminal

**Dados da Ocorrência**

**Circunscrição:** 07 D.P. SANTOS
**Local do Fato:** Rua Doutor Assis Corrêa, 6, - Gonzaga - 11065310 - SANTOS - SP
**Tipo do Local:** Residência - Casa

**Ocorrência:** 22/07/2024 no período Em hora incerta
**Comunicação:** 31/07/2024 às 20:44 **Flagrante:** Não **Elaboração:** 1ª Edição - 31/07/2024 às 20:53

**Pessoas Físicas**

**1 - Autor** **Nome:** Autor Desconhecido 1
**Nome Social:** Não Informado **Vulgo:** Não Informado
**RG:** Não Informado **Dt. de Nascimento:** Não
**CPF:** Não Informado **Mãe:** Não Informado
**Sexo:** Ignorado **Pai:** Não Informado
**Vítima Fatal:** Não **Profissão:** Não Informado **Cútis:** Não Informado

**- Vítima** **Nome:** Suely Aparecida Dos Santos
**Nome Social:** Não Informado **Vulgo:** Não Informado
**RG:** 37970258 - SP **Dt. de Nascimento:** 19/02/1973
**CPF:** Não Informado **Mãe:** Ivanira Matilde Dos Santos Bresford
**Sexo:** Feminino **Pai:** Não Informado
**Vítima Fatal:** Não **Profissão:** Não Informado **Cútis:** Branca

**Histórico do BO**

**1ª Edição criada 31/07/2024 20:53 por Alexandre Peres Malantrucco - DEL.INF.JUV. SANTOS**
Compareceram os policiais do DRACO- DEPARTAMENTO DE INVESTIGAÇÕES CONTRA O CRIME ORGANIZADO DO RIO DE JANEIRO NARRANDO EPISÓDIO QUE ESTÁ SENDO INVESTIGADO POR AQUELE DEPARTAMENTO.
Em apoio ao Sr. Daniel Gomes da Lima Freire, Inspetor daquela Delegacia logrou-se apurar endereço

DEL.INF.JUV. SANTOS

Folha: 1

“O QUE FICOU
EM SEGREDO POR
DÉCADAS, AGORA
ECOAVA PARA O
MUNDO INTEIRO EM
REDE NACIONAL.”

"O que vos digo às escuras, dizei-o à luz do dia; e o que é sussurrado aos ouvidos, proclamai-o dos telhados."

— Mateus 10:27

# A REPORTAGEM EXIBIDA NA TV

## CAP. 23

Paralelamente, a cobertura da mídia foi fundamental durante toda a viagem realizada por Suely Svenfjord pelo Estado de São Paulo, abrangendo os municípios de Santos, Guarujá e Praia Grande. Ela esteve acompanhada do Comissário de Polícia Daniel Gomes, que teve o apoio integral da DEINTER 6 - Delegacia da Infância e Juventude de Santos, sob a coordenação da Autoridade Policial representada pelo Delegado de Polícia Dr. Alexandre Malantrucco.

De forma simples, entende-se por mídia "o veículo, espaço ou canal por meio do qual uma mensagem é transmitida". O conteúdo apresentado parte do emissor em direção ao interlocutor e tem o objetivo de estabelecer certo nível de comunicação. Foi a reportagem publicada através do link

https://www.youtube.com/watch?v=cFx5vuFGKrM/, que poderá trazer respostas da opinião pública em busca do paradeiro dos familiares de Suely Svenfjord.

Acreditamos que esta publicação, na língua portuguesa e sueca, possa acelerar a velocidade da comunicação e contribuir efetivamente para a buscas de respostas sobre fatos ocorridos há mais de 52 anos. Esperamos, também, que ele sirva de apoio ao emblemático e sofrido caso "Carlos Ramires", cuja trajetória é revelada por meio de um relato policial investigativo marcado por sofrimento e incertezas. Ambos os casos apontam para uma possibilidade comum: o sequestro de crianças seguido de adoções irregulares por casais estrangeiros, sobretudo europeus, num período em que o Brasil enfrentava graves fragilidades em seus sistemas documental, moral e de controle de fronteiras - o que facilitava a ocorrência desse tipo de crime transnacional.

“ESTA HISTÓRIA
NÃO ACABA AQUI.
ELA É UM ALERTA.
UM PEDIDO. UM
LEMBRETE DE QUE
VIDAS NÃO SÃO
OBJETOS.”

"Combati o bom combate, terminei a corrida, guardei a fé."

— 2 Timóteo 4:7

# CONCLUSÃO

## CAP. 24

Suely Svenfjord, hoje com 52 anos, reside na cidade de Estocolmo, capital da Suécia, em companhia de seu filho Emerson e seu companheiro, trabalhando na área estatal de psiquiatria social. Nina, também conhecida como Johana, atualmente com 86 anos, reside na cidade de Gotemburgo, também na Suécia. Há muitos anos, porém, não mantém qualquer diálogo com a suposta filha Suely, tampouco colabora com informações que possam ajudar a esclarecer o grande mistério envolvendo a origem dessa mulher guerreira e batalhadora que deseja apenas conhecer suas raízes.

Segundo relato pessoal, Suely teria saído da zona de prostituição de Santos com aproximadamente nove meses de idade. A partir desse ponto obscuro de sua história, ela busca respostas para reconstruir sua identidade e, principalmente, descobrir quem são seus verdadeiros parentes - mãe, pai, irmãos, avós e primos - com o legítimo desejo de preencher os vazios deixados por décadas de silêncio e omissão.

Suely, 9 meses,

Suely 52 anos

Cidade de Estocolmo- Suécia

Por sua vez, o Comissário de Polícia Daniel Gomes, hoje com 70 anos de idade e efetivos 39 anos de serviço policial, lotado atualmente na DRACO-IE - Delegacia de Repressão as Ações Criminosas Organizadas e Inquéritos Especiais do Estado do Rio de Janeiro -, continua na sua busca incansável por elementos de autoria e materialidade, fatores preponderantes para a elucidação de qualquer crime praticado pelos seres humanos que continuarão sempre na sua prática bestial.

Estes crimes persistem, mas agora têm sido registrados e divulgados de forma ampla, tanto por meio da palavra escrita quanto por imagens, com o apoio dos poderosos meios de comunicação do século XXI. É justamente nesse cenário que o leitor pode se tornar um aliado essencial: ao tomar conhecimento desses relatos, pode ajudar na multiplicação dessas informações, em âmbito nacional e internacional, contribuindo com denúncias que podem chegar até mesmo à Polícia Federal e à Interpol.

Paralelamente, a família de Carlos Ramires mantém viva, há anos, a esperança de que aquele menino esteja vivendo em algum local fora do Brasil - hipótese que também encontra respaldo no testemunho de Suely. Solidária à causa, ela forneceu seu DNA ao Cadastro Nacional de Pessoas Desaparecidas do Brasil, tudo a fim de que possamos descobrir o paradeiro de seus familiares, que certamente ainda vivem entre nós.

---

Crédito de Exercício pericial desenvolvido por Isnard Martins Professor, Perito, Doutorando Engenharia Industrial, MSc. Ergonomia.
Policia Civil do Estado de São Paulo.
Secretaria de Estado da Polícia Civil do Estado do Rio de Janeiro.
Internet.
reportagem veiculada pela jornalista Vera Araujo, do Jornal Extra/Globo

# GLOSSÁRIO JURÍDICO E INVESTIGATIVO

Entenda os Termos Utilizados

**Adoção Irregular** - Processo de adoção feito sem seguir os trâmites legais, muitas vezes envolvendo falsificação documental ou pagamento.

**Falsidade Ideológica** - Inserção de informações falsas em documento público ou particular com o objetivo de obter vantagem.

**Registro Civil Tardio** - Registro feito fora do prazo legal, geralmente sem documentação comprobatória, muito usado em fraudes no passado.

**Sequestro Internacional de Menores** - Ato de levar uma criança para outro país sem o consentimento legal dos responsáveis, geralmente contra a lei internacional.

**Tráfico de Pessoas** - Crime que envolve o recrutamento, transporte e aliciamento de pessoas, geralmente para fins de exploração.

**Estatuto da Criança e do Adolescente (ECA)** - Lei brasileira criada em 1990 para garantir os direitos fundamentais de crianças e adolescentes.

# MENSAGEM FINAL AO LEITOR

“Uma voz que clama”

Este livro não é apenas um relato. É um apelo. Um grito abafado por décadas, que finalmente encontrou páginas para ser ouvido. Que a dor da Suely, como a de milhares de outras crianças, não seja esquecida. Que cada parágrafo nos lembre de que o mal se fortalece no silêncio — e o bem, na coragem de quem investiga, denuncia e cura.

Que você, leitor, possa sair desta leitura mais sensível, mais consciente e, sobretudo, mais disposto a não ignorar o sofrimento disfarçado que ainda hoje habita entre nós.